REMEMBER
Biografie und Erkenntnisse

RS

ROSEMARIE SCHUBERT-JANSKÝ

REMEMBER

Erzählungen

Biografie und Erkenntnisse

Erfahrungen einer medialen Astrologin

Mein Leben Hier und Jetzt und in anderen Welten
Die Wanderung eines sich bewussten Geistes
durch Raum und Zeit

- eine karmische Reise -

Bibliografische Information der Deutschen Nationalbibliothek
Die Deutsche Nationalbibliothek verzeichnet diese Publikation in der Deutschen Nationalbibliografie; detaillierte bibliografische Daten sind im Internet über http://dnb.d-nb.de abrufbar

Autor und Herausgeber Rosemarie Schubert
alias Schubert-Janský als Astrologin

Copyright 2012 Rosemarie Schubert/Schubert-Janský
Herstellung und Verlag:
Books on Demand GmbH Norderstedt
ISBN: 9783848219780

Manuskript und Buchgestaltung: Rosemarie Schubert
Einband –Titelseite: Foto Rosemarie Schubert – 48-jährig
Rückw. Umschlag: persönliches Astrologie-Wappen RS
Gestaltung Titelseite und Wappen: Ralph Umbricht

REMEMBER

VIERTES BUCH – Teil 5

– PETER –

Peters Schizophrenie – Aufarbeitung Peters Tod mit allen seinen Schwierigkeiten – Behinderungen und Nöten meiner Seele

Wie wertvoll das Leben war – ist,
erkennt man erst im Tode!

INHALT

PETER –

lernte ich am **13.2.1986** kennen.
Mit und durch ihn begann für mich eine mehr als 20jährige *seeli-
sche Leidenszeit*, auf die ich gerne verzichtet hätte.
Mein *ganzes* Leben wäre anders verlaufen, ohne diese *karmische*
Begegnung, die laut der *Medien* für *dieses* Leben <u>nicht</u> vorgese-
hen war.

Das kam so:
Ich lebte erst seit einigen Monaten in *München* und hatte als
Astrologin wenig Klientel.
Durch meine *kommunikative* Fähigkeit ergab es sich, dass ich hin
und wieder für eine *Immobilen-Firma* arbeitete, um für diese – telefonisch – neue Kunden zu werben.
Dabei war mir schon einige Male eine *sonore* Männer-Stimme
aufgefallen, die mich faszinierte – die auch von einer gewissen
Arroganz getragen war, die aber – da *er* es meisterhaft verstand
die Menschen für sich zu gewinnen, sehr anziehend und sympa-
thisch wirkte.
Ich war also sehr *begierig* den Träger dieser Stimme in *Augen-
schein* zu nehmen und so begab mich eines Tages ins Nebenzim-
mer, wo *Peter* gerade seine *telefonische* Beratung praktizierte.

***

Nach Beendigung des Gespräches wandte er sich mir zu, stand
auf – und mein Blick fiel auf einen über 1.80 m großen dunkel-
haarigen jungen Mann – von anziehendem Äußeren, gut gebauten
„Tennis-Körper", mit großen Augen – rund und dunkel – richtige
Magier-Augen, in dem mehr breiten als ovalen Gesicht.

Alles an ihm war schön, nichts stand im Widerspruch zum anderen, aber es lag eine gewisse Melancholie über seinem ganzen Wesen.
Er sah mich voll an und ich meinte bewundernd; *na sie sind bestimmt ein Löwe, mit diesen großen strahlenden Augen.*
Er antwortete; *nein* – er wäre *kein Löwe* – strahlend wäre er schon gar nicht, dabei sah er mich voll an und seine Augen strahlten, als hätte er endlich gefunden, was er schon des Langem suchte.
Meine Augen schlossen sich für einige Sekunden, ich dachte: „*nein, nicht schon wieder – immer diese jungen Männer*", ich öffnete die Augen und sagte zu ihm; *Sie kenne ich von England!* Damit schien alles geklärt.

Die *Chefin der Organisation* hatte an diesem Tag Geburtstag. Später saßen wir alle zusammen und aßen eine *Kleinigkeit,* dabei nahmen ihn – die jungen Frauen dieser Gruppe voll in Anspruch. Ich beobachtete ihn lächelnd und dachte; *na, er versteht es aber mit den Frauen.*
Er saß gelassen – mit übergeschlagenen Beinen – etwas gelangweilt da, schien aufmerksam zuzuhören – sah meinen Blick – nickte mir zu, als wolle er sagen; *das hat alles nichts zu bedeuten, dass mit uns ist klar* – und so war es ja auch.
Nach und nach befreundeten wir uns mehr – ich erklärte ihm sein Horoskop. Er war dafür sehr aufgeschlossen.

***

Beim *Peter* ging es um ein *unerledigtes* Karma in Beziehungen, was in Erfahrung gebracht werden musste.
Durch die *rückläufige* Stellung des *Radix-Merkurs* besaß er die Befähigung des Verstandes, das *universelle* Bewusstsein aus *frühren* Zeiten anzuzapfen.
Im Bereich *Beziehungen* erfährt man bei *dieser* Konstellation die *größten* Schwierigkeiten.
Merkur im *Steinbock* machte aus ihm einen *tiefen* Denker.

In *jungen* Jahren war es für ihn sehr schwer, *seinen* richtigen *eigenen* Ausdruck zu finden, deshalb zog es ihn mehr zu der *älteren* Generation, die seiner *tieferen Denkweise* mehr *Verstehen* entgegenbrachte.

Er konnte eigentlich *nie* im *richtigen* Moment, *das* zum Ausdruck bringen, was er *wirklich* sagen wollte.
Erst im späteren Alter wäre es ihm möglich gewesen, sich *voll* verständlich mitzuteilen – mit den anderen gleichen Alters unter „einen Hut" zu kommen.
Er war auch ein sehr *analytischer* Denker und hätte den Menschen noch *viel* zu sagen gehabt. Das war *sein Hauptanliegen* in *diesem* Leben – *mit Sonne/Merkur* im *Haus* des *Lernens* und der *Kommunikation*.
Vielleicht wäre er im *fortgeschrittenen* Lebensalter ein *guter* Schriftsteller geworden.

Mit *rückläufigen Uranus* in *Löwe* war er *nur* sein *eigener* Befehlsempfänger und die *Rückläufigkeit Plutos* in *Jungfrau* gab ihn ein *unbegrenztes* Konzentrationsvermögen.
Er konnte den Menschen sehr gut eine Sache erklären, die Hemmung lag darin; er hatte einfach zu bestimmten Sachen nichts zu sagen – sie lagen seinem Wesen fern.
Er verstand es *ohne* Worte zu handeln und es schien ihn wohl *unbewusst unter seiner Würde*, für gewisse Menschen als *Händler* zu fungieren.
Er war vom *Sein her* viel zu sehr *Herr* und *Gebieter*, als dass er sich dazu herabgelassen hätte, einen andern *einen Dienst* zu erweisen. *Dann schon eher umgekehrt!*
Er konnte sich *viel* Dummes anhören, ohne ein Wort darüber zu verlieren.
Wie ich später *numerologisch* errechnete, war *Peter* eigentlich vom Schicksal her ein *kleiner Glückspilz*.
Er hatte einen *festen* Willen, eine *gute* Energetik und *stabile* Gesundheit – Logik, *ohne kopflastig* zu sein, die *freie* Möglichkeiten

der Berufswahl, wenn auch <u>wenig</u> *handwerkliches* Geschick bei
ihm vorhanden war.

Er besaß eine *spirituelle* Veranlagung, die ihm zum Verhängnis
wurde.

Da *er nicht sein konnte* – was er *in sich* fühlte, das Leben – das er
führen musste, ihn – für sich – *nicht* genehm schien und *er* auch
nicht die Zuwendung bekam, die er sich – *für dieses Leben* – so
erhofft hatte, zog er es schon in *seiner frühen Jugend* vor, sich
des *Rauschgiftes* zu bedienen, um sich *in die Illusion* zu *träumen*,
die *nicht sein* Leben war und sein konnte.

Als er mich traf – glaubte er, dass sich nun für ihn *alles* zum *Vorteil* entwickeln würde.

Je befreundeter wir wurden, umso bedrückter schien er jedoch zu
werden – nicht nur, weil wohl jemand aus der Gruppe *mich* bei
seiner Eltern – Geschäftsleuten, als eine sehr *gefährliche* Frau geschildert hatte, wohl eine Eifersüchtige – der jüngeren Damen.

Sie haben das alle nicht verstanden, dass er gerade *auf mich* „abgefahren" ist, *betr. meines Alters.*

***

Ich gehöre zu den Frauen, die bis ins Alter von 50 Jahren *mädchenhaft* geblieben sind.

Die Katastrophe kam unweigerlich auf uns zu – als er erfuhr, dass
ich nicht – wie er glaubte – 35 Jahre zählte. Ich hatte bereist die
46 überschritten, aber was soll man machen, gegen *altes schweres* Karma, das noch *nicht* bereinigt ist?

Von nun an trug er des Öfteren eine *dunkelrahmige* Brille mit
Fensterglas.

Seine absolut tolle Frisur – kurzer „Katzenkopfschnitt", am
Haaransatz im Nacken mit einen kleinen geflochtenen Zopf, der
– die ganze modebewusste Haltung seines Trägers voll zum Ausdruck brachte, fiel wohl zu erst – meinem Alter – zum Opfer.

Eines Tages – wie er gerade einmal wieder mit beiden Händen
über meine Platzabtrennung hängend; *liebe Frau Schu.* zu mir
sagte – fragte ich ihn; *wo ist denn ihr niedliches Schwänzchen
geblieben?* Er antwortete kess; *das andere ist ja noch dran.*

DER ANFANG VOM ENDE

Wochen später – *Peter* kam das 1. Mal zu mir. Er hatte *Wein* mitgebracht. Ich dachte; *Wein – a ha!*
Im Laufe des Abends sagte er ganz ohne Umschweife; *er möchte
doch gerne mal die Erfahrung machen, wie es so mit einer viel
älteren Frau ist.*
Ich sah ihn groß an und sagte lachend; *dass er „sie" schon machen könne.*

Aus *seinem* Horoskop kannte ich die *Mond/Venus*-Konjunktion
im Haus der Familie – die auch eine große Empfindlichkeit an-
zeigt, dass er mit den jungen Mädchen in seiner Jugend wenig anzufangen wusste, das er eine *reife* oder *alte* Seele war – die die
mütterliche Geliebte oder auch *mütterliche* Freundin vorzog.
Es bestand bei ihm auch eine enge und starke Beziehung zur *eigenen* Mutter und eine gewisse *Rivalität* zum Vater.
Für mich eine Sache, die mich nicht weiter aus der Fassung
brachte, *für ihn – fing das Schicksal an zu weben.*

Peter verließ mich am *fortgeschrittenen* Abend und ich hatte das
Empfinden, als hätte *mich* ein *„schwarzer Flügel"* gestreift.
Diese *Begegnung mit einer älteren Frau* hätte – wie aus *seinem*
Horoskop zu entnehmen – auf ca. 12 bis 14 Jahre begrenzt sein
können. Danach wäre er für die *jüngere* oder *gleichaltrige Venus-
frau bereit* gewesen.
Es gab keine *Liebesverbindung* in dem Sinne – es blieb bei einer
liebevollen und *aufopfernden* Freundschaft von meiner Seite –
von seiner; eine *seelische* Verletzung.

Es stand immer etwas *dazwischen,* was in der *Verweigerung* war
– die Vergewaltigung von eins, von der wir zu *dieser* Zeit *verstandesmäßig* nichts wussten.
Als *Peter* und *ich* uns näher kamen, begann das *alte Karma* zu
wirken.

***

In den nächsten Tagen hatte *Peter* als Model außerhalb von *München* zu tun.
Er kehrte nicht an dem vereinbarten Tage zu seinem Telefon-Job
zurück.
Sein Vater rief mich tags darauf mit den Worten an; *er möchte
seinen Sohn entschuldigen, dass er den Termin bei mir nicht
wahrnehmen konnte – er wäre an Größenwahn erkrankt und befände sich in der Psychiatrie – würde sich aber danach wieder
bei mir melden.*

Das *Medium L.* – das ich darüber befragte – erklärte mir; *Peter
hätte bei der Hypnose einen Urknall erlitten* – vor der ich ihn ja
gewarnt hatte – *und nun mit all dem Wissen über sich selber wieder in den „kleinen" Körper.*
Es war wohl weniger der *kleine* Körper, als der *rein irdische* Verstand und die *Psyche,* die es *nicht* fassen – *nicht* verkraften und
nicht verarbeiten konnte.

Ich hatte ihm u. a. gesagt; gehen Sie *nicht* zur Hypnose; *sie haben
einige rückläufige Planeten, dass bedeutete – sie sind sehr kosmisch gestellt und sind eigentlich nur inkarniert, um altes schweres Karma zu bereinigen.
Falls der Hypnotiseur nicht genau so stark ist – wie sie, besteht
die Möglichkeit, dass dieser sie. nicht mehr unbeschadet zurückholen kann.*

***

Peter rief mich einige Tage später an, es ginge ihm gut und er wolle bei mir vorbei kommen.

Rein äußerlich schien er wie immer, nur vertrug er keinen Widerspruch und zeitweise blickten seine Augen wild ums sich – die *Identitäts-Störung* war nicht zu übersehen – *fühlbar!*

Es war nicht mehr *derselbe Peter* – wie zuvor!

Es ist immer die *Psyche – die Körperseele* – die *nicht* damit fertig wird.

Das *irdische* Leben ist *begrenzt* und wurde durch den Hypnose-Knall *entgrenzt!*

Die Wahrnehmungen sind verzerrt – die Angst „*was ist mit mir – wie fühle ich mich?*" steigert *alles* ins Extreme.

Da die *Psychologie* schon immer mein größtes Interesse hatte, war es für mich selbst *nie* eine Schwierigkeit – die Sache ins Lot zu bringen.

Widersprich *nie* einen „Verrückten" – verrückt bedeutet „*daneben stehend*".

Unterbrich das Gespräch, wenn es zu *kritisch* wird mit *einer Gegenfrage.*

Versuche jede zu *peinlich* werdende Situation zu unterbinden – *ohne* das Empfinden zu vermitteln – er sei *unzurechnungsfähig.*

***

Man nimmt sich *selbst* zurück und somit wird der Weg für eine *partnerschaftlich gleichberechtigte* Beziehung unmöglich. Ich blieb der *beobachtende* und *eingreifende* Teil in jeglichen Situationen. Er war der Bedürftige!

Ich ward für ihn zu dem Teil – *die Mutter,* der man alles erzählen konnte und die *es* für „*ihn*" regelte.

Somit begann für mich *ein Leiden ohne Ende,* ein Job – *um den man sich nicht reißt,* wenn man denjenigen nicht sehr mag. Es

drehte sich alles um ihn und seine Bedürfnisse, seine Probleme –
die ich für ihn lösen sollte.
Dazu seine „unmögliche" Familie – ohne Verständnis für ihn, für
mich – also?
Seine Familie hätte eine *therapeutische* Beratung benötigt, um
mit *dieser* Situation *richtig* umgehen zu können!

Peter war der dritte und wohl *optisch* – der interessanteste Sohn
des Hauses, der als *einziger nicht* ins Geschäft dieser Familie passte, weil es ihm von seinen *Innern* her zu *spießbürgerlich* war.
Das *Medium L.* vertrat der Meinung; wenn *Peter* immer um *mich*
wäre, würde er sich erholen, da ich einen sehr *starken* Heilmagne-
tismus habe.
Ich hatte dem auch nichts entgegenzusetzen, aber die Familie –
engstirnig und auch immer bedacht, dass *keine familiären* Belange je nach außen drangen – hat es laufend zu verhindern gewusst
und so kam er jedes Mal *seelisch/geistig* ein bisschen kranker von
seiner Familie zurück.
Sie haben ihm praktisch *unbewusst* mehr geschadet als gut für ihn
war.
Seine Familie wollte es *nicht* wahrhaben, dass die Freundin *ihres*
Sohnes – *eine fast 20 Jahre ältere Frau,* eine *kleine* – für sie *un-
bedeutende* Astrologin, sich eine Meinung über *ihr* „Imperium"
bildete und was sollte die *wohlmeinende* Gesellschaft einer Klein-
stadt davon halten?

Die *Aura-Leserin,* die ich im *Januar 1999* aufsuchte sagte; *er
habe sich in jedem Leben als „Schönling" angeboten und er nei-
ge schon immer zu einer gewissen seelischen Deformierung.*

* * *

Rekonstruiert geschah wohl Folgendes:
Peter ging zur *gewohnten* Hypnosesitzung, da – wie er mir mitteilte – der Hypnotiseur und seine Frau sich auf ihn „freuten" und er wollte *sie* und die *Eltern nicht* enttäuschen.
Peter meinte; *eigentlich war alles wie immer.* Er lag *ruhend* auf der Couch, der Hypnotiseur lief – *leise* Worte vor sich hin murmelnd im Raum umher. Irgendwann sagte dieser zu ihm; *dass er fertig ist und nun gehen kann.*
Was eigentlich *wirklich* passiert ist wusste *Peter* nicht. Es gingen ihn nur so viele *fremde* Gedanken durch den Kopf.

Nachträglich habe ich mir gedacht, *Peter* wird wohl bereits zu dieser Zeit wieder ab und zu, zu *dem* – für ihn *entlastenden* Rauschgift gegriffen haben und vielleicht noch nicht ganz *frei* davon, ist er in diese Hypnose gegangen, was ja nicht *nachweisbar* war und dann ist *das* passiert – wovor ich ihn gewarnt habe, *der Hypnotiseur hat die Kontrolle über die freie Seele verloren* und *diese* nicht mehr *unbeschadet* in den Körper zurückbekommen, was er vielleicht gar nicht bemerkte.

Peters *Seele* hatte wohl *frühere* Wesensteile (Wissen) aufgespürt, mit denen er – *als Mensch* – in *diesem* Lebens *nichts* anzufangen wusste. Dazu kam noch seine *seelische* Empfindsamkeit, was zur *zeitweiligen* Störung der *jetzigen* Persönlichkeit *Peter* führte, da *diese* – in der Hypnose *aufgespürten* Wesensteile verstandesmäßig *unbewusst,* sein *derzeitiges* Leben *nachteilig* beeinträchtigten, was ihn *sehr* zu beunruhigen schien.
Es *erhöhte seine Sensibilität* und die *Persönlichkeitsanteile* aus *früheren* Leben – *die Existenzen die er einst verkörperte* – suchten nun immer wieder Besitz von der *jetzigen* Inkarnation *Peter* zu nehmen, wodurch *diese* zum Teil – zeitweilig ausgeschaltet wurde und er die *gewalttätigen früheren* Verkörperung stundenweise lebte – was man *schizophren* nennt und vor denen er sich *fürchtete,* wenn er sich ganz *Peter* fühlte.

Er war sich seiner Handlung immer bewusst, wusste aber nicht, *warum es ihn* Spaß machte so zu handeln. Es war ein *Zwang* in ihm, den er *unterlag.*

Er verweigerte seine *Medizin* – wegen der *unangenehmen* Nebenwirkung die sie für ihn hatte, die *einzige* Möglichkeit – die es für *Schizophrene gibt* – der *Empfindungsspaltung* zu *entgehen.* *Peter* meinte, wenn er das Medikament einnehme, habe er immer so ein *einengendes* Empfinden, *er sei dann gar nicht mehr er selber.*

Er war es so und so *nicht* mehr – war nicht mehr *der,* der *er vor* dieser Erfahrung *war* und er fühlte sich seither in seinem Leben alles andere als wohl. So griff er wieder – wohl immer öfter, zu seinem *früher* – so geliebten Rauschgift, um die Auswirkungen zu verdrängen und das führte ihn mehr und mehr in *nachfolgende* Situationen, wobei er mir immer erklärte; *er nehme nichts!*

Das war eine Lüge, wie sich später herausstellte.

***

Es besteht ein Unterschied, ob ich mich unter *bewusster* Führung *meiner* Seele in *frühere* Existenzen begebe, weil *diese* mich dann zurückbringt, wenn es für *meine jetzige* Verkörperung *gefährlich* wird, oder ob ich durch *Fahrlässigkeiten* – sei es die *eigene* (Rauschgift) oder das Unvermögen eines *Hypnotiseur, der* – die in *Trance versetzte* Seele, *nicht* zur *rechten* Zeit *unbeschadet* – zurückführt.

Da *rückläufige* Planeten immer *kosmisch* gestellt wirken, *ziehen diese Konstellationen die Seele praktisch vom Irdischen ab –* <u>bringen früheres Bewusstsein zu Tage,</u> *dass ist die große Gefahr bei der Hypnose.*

Eine Erfahrung – die die *verkörperte* Seele gemacht hat – kann nicht mehr *rückgängig* gemacht werden.

Das ist wie ein Beinbruch, oder wie bei einer schweren Krankheit, man weiß – *wie es ist!*

Die *Angst* vor der *Erfahrung* – Urknall – die diese Seele *immer*
wieder befällt, *programmiert* den *Rückfall, wenn diese Angst
nicht gedrosselt werden kann.*
Es ist eine *Hysterie*, die Seele hat *diese außerkörperliche* Erfahrung *nicht* verkraftet und sie ist *nicht* mehr *fähig* ein *normales*
Leben zu führen, wenn die <u>nicht</u> heilbare – *seelische* Überem-
pfindlichkeit <u>nicht</u> *laufend massiv* unterdrückt wird.

Peter empfand sich immer mehr als *Parsival*, den *erschaffenen*
Sohn des *zeugenden* Gottes.
Parsival als *Hüter* der *Schwelle* und des *Feuers*, das aus dem
Geist entspringt.
Parsival – *Sinnbild* des *fahrenden* Ritters, der die Weltmeere
durchquert, um geläutert an seinen *Ursprungs- Ort* zurückzu-
kehren.

PETER –PETRUS?

Von *jener* Sitzung nach Hause kommend begann *Peter* eine *Bibel*
zu schreiben. Er meinte; *er wäre Simon Petrus gewesen* – was
nicht auszuschließen ist, da es nach seinem *Urknall* Zeiten gab,
da hat sein ganzes Erscheinen ein *inneres* Licht *ausgestrahlt*, dass
er die Menschen durch sein „*Verklärtsein*" richtig anzog und es
begaben sich noch ganz andere Dinge.
Seit 2002 nachweislich; *Simon Petrus hatte eine Bibel geschrieb-
en.* Vom Gesichtstyp passt <u>Petrus</u> auf *Peter*!

So telefonierte *Peter* an *jenem* Abend von *München* bis in seine
300 km entfernte Heimatstadt – wohl die halbe Nacht – *ohne* dass
je Gebühren für diese Gespräche erhoben wurden.
Sein Vater, der bei einem *Kontroll-Besuch* in *München* die Tele-
fon-Abrechnung nachsah, sagte zu ihm; *diesmal hast du wohl
Recht, die Gespräche sind nicht berechnet worden.*

Von kompetenter Seite wurde mir diesbezüglich berichtet; *das läuft auf einer anderen Ebene ab, was vom rein Irdischen her nicht mehr erfassbar ist.*

Bei diesem Gespräch sagte sein Vater zu mir; *Frau Schu., wenn sie sich nicht von meinem Sohn fernhalten, werde ich eine anwaltliche Verfügung gegen Sie erwirken.*
Peter – der zugegen war – sagte; *aber Vater, was redest du denn da – ich brauche sie doch.*

Sein Vater meinte darauf grinsend zu mir; *hören sie – mein Sohn braucht sie – sie dürfen bleiben.*
Er hatte einen *skurrilen* Humor.

Es geschah – *Peters* Telefon-Nummer wurde angewählt. Man hörte auf den Anrufbeantworter das Wählen der Scheibe und *diese* Geräusche machte sich ein *Wesen* – zur Mittelung einiger Worte – nutzbar.
Eines dieser Worte war „*Noel*" – Weihnachten auf Französisch. Wir konnten nichts damit anfangen.
Bis Weihnachten hatte sich sein Zustand sehr verschlimmert, es war – als würde er *automatisch* in eine *Sackgasse* getrieben, aus der er nicht mehr herausfand.
Vergleichbar dazu wäre das Erscheinen d*es dunkel gekleideten Fremden* – der bei *Mozart* ein *Requiem* bestellt und gleich bezahlte.

So geschah es nach *seinem* Urknall auch einige Male; *Peter* sah in seiner Wohnung Tennis oder Fußball und er dachte wohl auch irgendwie dabei an mich – sodass sich bei mir der Fernseher plötzlich auch auf *Fußball* oder *Tennis* umschaltete und ich meinen Fernseher bedienen konnte wie ich wollte, letztlich sah ich wieder Fußball oder Tennis.

Einmal hatte ich die Eingebung *ihn* anzurufen und zu fragen, was er schaue und ich sagte darauf zu ihm; *kannst du bitte den Tennis alleine ansehen, ich möchte gerne den oder den Film haben.*

Er nahm seine Gedanken zurück und ich sah wieder den Sender den ich mir zuvor gewählt hatte.

***

Peter liebte seine Eltern – die Eltern liebten *Peter* und doch haben sie sich *gegenseitig* unterdrückt.
Der Vater *Steinbock* wie er – hatte gar am gleichen Tag Geburtstag, wie *Peter* damals meinte.
Die Mutter eine schlanke blonde *Jungfrau-Frau. Pingelig* wurde von der Familie auf *Etikett* und *Ordnung* geachtet.
So mussten die Kinder beim *Reinigungs-Bad* – wenn ich *Peter* richtig verstanden habe – eine Badehose tragen, da immer *mehrere* in eine Wanne gesteckt wurden.
Unter den Schlafanzug wurden *zwei* Unterhosen gezogen, worauf ich lachend fragte; *ob es auch noch ein Vorhänge-Schloss dafür gegeben hätte?*
Er sah mich mit seinen 29 Jahren ganz unverständlich an und meinte; *was es denn da zu lachen gäbe – er hätte darunter gelitten und finde es überhaupt nicht lustig.*

Es waren 4 Jungen – das 4. Kind war ein Mädchen, also 5 Kinder. Die *zweigeschlechtliche* freie – *normale* Erziehung wurde da wohl *völlig* unterdrückt, was *meines* Erachtens zu einem *einengenden* Sexualverhalten führte.
Das hatte letztlich zur Folge, dass *Peter* im Alter von 10 Jahren – sich seine Freundin *geschlechtlich* genauestens betrachtete, auch wohl anfasste – was den Erwachsenen zur Kenntnis gebracht wurde. *Peter* musste sich bei der Mutter des Mädchens dafür entschuldigen.

Es war für ihn ein mehr als *traumatisches* Erlebnis – das ihn für
sein *ganzes* Leben einen *großen seelischen* Schaden zufügte, obwohl dass *niemand* beabsichtigt hatte.
Er sagte zu mir; *es war für mich eine sehr schlimme Zeit.* Das
Wort „schlimm" war für *ihn* der Ausdruck eines wirklich ganz
entsetzlichen Erlebnisses!

Ein *sensibles Kind* – wie *Peter*, ist sicher durch *diese* Erziehung
in *seiner* Ausdrucksfähigkeit behindert – gestört worden.
Besonders „schlimm" wurde wohl von allen Kindern der „Wä-
schekeller" empfunden.
Dort besprach man die *empfindlichsten* Sachen mit *jedem einzeln*
und *alleine.*
Selbst Peters *rothaarige* Schwester, verhielt am Telefon den
Atem, als ich auf den *Wäschekeller der Familie* zu sprechen kam.

Peter meinte; *man wolle ja nichts gegen die Eltern sagen – was
sie für uns Kinder alles getan haben, aber er empfinde sie immer
mehr wie ein Spinnen-Netz. Sie lassen einen auch im Erwachsen-
alter nicht los, alles geht über ihre Kontrolle. Selbst der große
verheiratete Bruder musste mit seinen Kindern „antanzen"* – wie
er sich ausdrückte – *ob es dieser nun wollte oder nicht.*

Da ich auch *etwas* Handlinien lese, hatte ich einen Abdruck von
Peters Handflächen gemacht.
Ich sah an *seiner* Lebenslinie; im Alter von ca.10 Jahren hatte
sich ein *hängender* Ast gebildet, der ungefähr bis zur Stelle seines
30. Lebensjahres herunter hing. Die Handlinie teilt man in Jahres-
abschnitte ein.
Die *Mantik* besagt, dass am anderen Ende des Astes, *die Seele
nicht mehr die Kraft zum weiterleben hat.*
Es fiel mir erst nach seinem Tode auf. Es spricht für die *Mantik*!

***

Eines Tages – *Peter* war in der *Psychiatrie* in *Haar* gelandet und
die behandelnde junge Ärztin erzählte mir; *Peters Eltern hätten
an sie einen sehr abwertenden Brief über mich geschrieben, es
sollte wohl ein – für mich belastender Brief sein.*
Sie könne das überhaupt nicht verstehen – meinte sie, *wo ich
mich doch so rührend um den jungen Mann kümmere und er an
mir sehr hänge.*
Ich sagte; *ja – ich bin seine mütterliche Freundin* – und sie fragte
zurück; *mehr mütterlich oder mehr Freundin?* ich meinte; *mehr
mütterlich – er kann <u>nur</u> mit mir über alles reden.*

Sie antwortete; *dass sagte er auch zu mir, aber es wäre für ihn
wohl besser, wenn sie mehr Freundin als „mütterlich" wären.*
Darauf erklärte ich ihr; *so wie die Dinge liegen, geht es leider von
meiner Seite nicht anders.*
Sie meinte; *dass ist für den jungen Mann sehr bedauerlich.*
Ich äußerste; *dass es an der ganzen Situation liege und* sie erwi-
derte; *sie verstehe die Eltern nicht, die ihren eigenen Sohn eine
Hilfe so zerstören.*

SCHIZOPHRENIE

Ein anderes Mal – *Peter* rief mich an; *die Polizei würde gleich zu
ihm kommen, die Nachbarn hätten ihn wegen Ruhestörung ange-
zeigt.*
Ich ging an jenem Abend zu ihm – in seine Wohnung. Als ich
kam, war er ganz ruhig.
Ich fragte; *was hast du gemacht?*
Ach – sagte er; *weißt du, ich habe gerade mal wieder so paar
kleine Erdenwürmer zertreten.*
Ich fragte wiederholt; *wie hast du das gemacht?*
Er antwortete; *ich bin durch die Wohnung gegangen und habe sie
mit dem Fuß feste zerstampft.*
Ich blieb bei ihm – bis die Polizei kam.

Zuvor fragte ich ihn noch; *was soll ich sagen – wer bist du?*
Er meinte; *ich bin Jahwe, dass weißt du doch.*
In Ordnung – sagte ich, denn dass er wieder einen „*Aussetzer*"
hatte, war mir ja klar.
Die Polizei kam. Man fragte mich wer ich bin und ich sagte, *ich*
bin die Freundin von ihm und gerade gekommen.
Wer ist er – fragten sie weiter – *ach*, sagte ich beiläufig; *dass ist*
Jahwe – er wohnt hier.
Sie sahen mich groß an und meinten dann achselzuckend; *sie ha-*
ben alles ruhig vorgefunden, es ist kein Anlass gegeben, ihn in
irgendeiner Weise unter Kontrolle zu stellen.

Ca. eine Stunde später rief *Peters* Bruder W. – der mir bekannt
war – an und sagte;
Sie haben wieder einmal eine Maßnahme der Familie vereitelt.
Wir haben gewollt, dass Peter festgenommen wird und wenn er
ihnen in seinem Wahnanfall etwa antut, die Familie übernimmt
die Verantwort dafür nicht. Sehen Sie zu, wie Sie mit heiler Haut
aus der Lage heraus kommen.
Ich erklärte den Bruder; *Peter beabsichtigt am kommenden Mor-*
gen zur Familie zu fahren und er möchte, dass ich mitkomme. Das
tue ich unter diesen Umständen natürlich nicht, ich weiß aber
auch nicht, wie ich ihn davon abbringen kann.

Einige Zeit später meinte ich ganz beiläufig; *weißt du, ich gehe*
jetzt wieder nach Hause, ich bin müde und habe Kopfschmerzen
und ich will in mein Bett.
Sofort erhob er sich und sagte; *komm – ich fahre dich.*
Peter fuhr mich zu meiner Wohnung – fuhr wieder zurück, rief
an; *dass er gut „gelandet" ist und nun noch etwas Ruhen wolle –*
schlafen könne er sowieso nicht.
Gegen 7.00 Uhr rufe er mich an, damit ich mich fertig mache,
weil wir nach L. fahren.

***

An diesem Abend hatte ich bis gegen Mitternacht – noch einige
Gespräche mit dem *dienst habenden* Arzt der *Psychiatrie* des
Isar-Klinikum., betr. der Frage; *wie kann ich es verhindern, dass
Peter am kommenden Morgen nach Hause fährt, weil ich auf
keinen Fall – wegen der Gehässigkeit seiner Familie gegen mich
– mitfahren will!*
Ich sagte zu dem Arzt; *wenn ihm was mit dem Auto passiert, die
Familie macht mich doch fertig. Dass wäre für diese Leute ein
„gefundenes Fressen" und für mich ein schwerer Schlag.*

Der *Psychiater* meinte; *damit müsse ich mich nicht belasten, Peter mag ja ein bisschen durcheinander sein, wenn er nicht richtig
isst, Föhn ist* – Vollmond war wohl auch gerade noch – *und nicht
schlafen kann, aber er ist ja nicht als „psychisch unzurechnungsfähig" unter Kontrolle gestellt und er kann hinfahren wohin er
will. Er ist ein freier Mensch.*

„Schizophren wird als Krankheit bezeichnet, weil die Menschen
nicht bewusst damit umgehen können" –
erklärt mir *Melchizedek* in einer *späteren* Mitteleilung!

***

Am nächsten Morgen rief mich *Peter* an – ich sagte *diese* Fahrt
ab.
Er; *na ja, da fahre er eben jetzt mal alleine los.*
Es wurden bange Stunden für mich. Zwischendurch rief er an;
*dass er bald zu Hause wäre und er fahre seit München mit dem
Reservetank und er habe wohl auch gar kein Geld zum Tanken
bei.*

Der *nächste* Anruf im Laufe des *vorgeschritten* Vormittag war
weniger beruhigend.

Peter rief von der *Dienststelle* der Polizei an, um mir zu erklären,
was vorgefallen ist.
Er hatte sich – zu Hause ankommend – die Pistole seines Vaters
gegriffen und mit dieser den Lagerarbeitern vor die Füße geschossen. Man hatte die Polizei gerufen. Sie hatten ihn abholte und das
man ihn jetzt nach *Weilheim* in die *Psychiatrie* bringe.

Ich fragte; *warum machst du so was?*
„*Ach*", sagte er, „*es hat einfach Spaß gemach – lustig war das,
wie die alle so rumgehopst sind. Ich wollte doch keinen was tun*".
Ich sagte zu ihm; *die Leute haben Angst um ihr Leben, wenn du
solche Späße machst!*
In früheren Jahrhunderten haben Soldaten solche Späße gemacht,
da war uns das Leben *nichts* wert, wenn er da *bewusstseinsgemäß
reingerutscht* war, das ist schon eine furchtbare Sache.
Peter war in *mehreren* Leben ein *guter* Soldat, der besonders mit
Schusswaffen – auch mit dem Degen – gut umzugehen wusste.

Danach wollte mich seine Schwester sprechen. Sie sagte nicht
viel – nur voller Hass;
*was haben Sie mit meinem Bruder gemacht, wenn er nicht wieder
wird – ich erschieße Sie!*
Diese Worte fanden Widerhall in meiner Seele.
Ich hatte *diese* Erschießung bereits *wieder erlebt – am Arbeits-
platz –*lange bevor ich *Peter* kennen lernte.

✲✲✲

UNSERE VORLEBEN PRÄGTEN DIE BEGEGNUNG

Wie am Anfang erwähnt, sagte ich bei der ersten Begegnung zum
Peter; *Sie kenne ich von England.* Eigentlich war es *Schottland.*
Er war damals *James Bothswell,* der dritter Ehemann von *Maria
Stuart.*

Die Biografie schreibt:
Bothswell galt als *guter* Krieger, der er – der *Mutter Maria Stuart*
– Marie de Guise gewesen war und es gab eigentlich *keinen*
Grund ihm zu misstrauen.
So dachte *Maria Stuart* zuerst an *ein* Spiel, wie sie – bei einem
Ausritt mit ihrem Gefolge – von *James Bothswell* und seinen Sol-
daten *bedrängt* und später *gefangen* genommen wurde.
Als sie den Ernst der Lage begriff, war es bereits zu spät.
Bothswell brachte *Maria Stuart* in Gewahrsam und *vergewaltigte*
sie, wenn auch – wie sie später zu einer Vertrauten erwähnte, sei-
ne Worte *sehr liebevoll* gewesen waren.

Maria Stuart wurde von ihm mit *Zwillingen* schwanger und es
blieb ihr gar nichts anderes übrig, diesen – als *brutal* bekannten
Mann zu heiraten, da sie mit *ihrem eigenen* Mann *Darnley,* längere Zeit *nicht intim* gewesen und dieser an *Syphilis* erkrankt war,
gab es keine andere Wahl – diese *Schmach* zu *decken.*
Es war aber nicht so, *dass Maria Stuart Bothswell nicht* gemocht
hätte. Sie sollen sich *sexuell gut verstanden* haben und sind als
die *Nymphe* und der *Hase* in die Geschichte eingegangen.
Auch als das „*Spiel von Liebe und Tod*".

Es war immer das *Bestreben Bothswells* – *Macht* über *Maria* zu
haben, was ihn *nie* richtig gelang.
Im 3. Monat schwanger hatte *Maria Stuart den Abgang eines Fö-
ten* und nach *weiteren 6 Monaten* brachte sie ein *kleines Mädchen
heimlich* zur Welt. *Maria Stuart* hat es als *Fehlgeburt prokla-
miert.*

Sie ließ ihre Tochter heimlich nach *Frankreich* zu den Schwestern *von Notre Dame* bringen.
Bothswell wurde darüber <u>nicht</u> informiert.

Das Mädchen hieß nach meinem Empfinden *Anna Maria* und hat seine Ehrungen nie Erfahren.
Es soll meine *jetzige* Mutter gewesen sein, die mir in *diesem* Leben immer wieder vorhielt, dass ich *meine Mutterpflicht nicht richtig* wahrnehme. – Meine *Mutter* hat die *Äbtissinnen-Konstellation* in ihrem Horoskop.

Wäre *Maria Stuart* mit der *Scheidung* von *Bothswell einverstanden* gewesen – wie man sie von ihr forderte – hätten sich die „*Aufständischen*" *nicht gegen* sie gewandt und ihr wäre ihr *nachfolgendes bekanntes schweres* Schicksal erspart geblieben.
Es ging nur gegen *Bothswell* und sein *gewaltvolles* Einmischen in die *Regentschaft Schottlands.*

Man legte *Bothswell* später auch den *Tod Marias zweiten* Ehemann – *Darnley Stuart* – zur Last, den er zwar *geplant,* aber *nicht* ausgeführt hatte. Trotzdem blieb die *Tat* an *ihn hängen.*
Die *Familie Darnleys* war *Bothswell* zuvor gekommen, sie haben den *eigenen* Sohn mit Kissen *ersticken* lassen, weil er der Familie in seiner *Unbesorgtheit* Schande zugefügt und das *Mitregieren* der *Familie* vereitelt hatte. *Darnley* wurde nur *21 Jahre* alt.

Bothswell hat einen *furchtbaren* Tod in *Dänemark* erlitten, den *nichts* rechtfertigen konnte.
Der starke lebensvolle Mann, wurde *ohne* Prozess *11 Jahre* lang in einem *fremdländischen* Kerker gefangen gehalten – schreibt die Geschichte weiter.
Zum Schluss soll er wie ein *Tier* an einem *Pfeiler* – der nur *halb so hoch wie er selber war* – *gekettet* gewesen sein, sodass er *nie aufrecht stehen* konnte.

Mit Haaren überwuchert und vor Dreck starrend ist er dem Wahnsinn verfallend – gestorben.

Feststellung;
Peter und sein *Wurzel-Chakra* waren die Verbindung zu *James Bothswell – Maria-Stuart-Zeit.*
Seine Gewalttat von damals – Vergewaltigung *Maria Stuart,* um über sie an die *Königskrone* zu kommen, schlug in *diesem* Leben zurück.

Wesensteile – die *nicht* aufgearbeitet oder bereinigt werden können, bleiben am Erdenplan hängen!
Verstorbene – Geister sind Energie, <u>formbare</u> Energie!

***

Ein weiteres Leben hatte ich mit *Peter auf der Venus.* Dort war er *mein* Kind – berichtete die *Aura-Leserin.*

Es war seelisch deformiert – informierte sie mich**, da auf der Venus viel Innenzucht getrieben wurde.**
Es ist auch dort immer die Angst <u>in mir</u> gewesen, noch mehrere Kinder zu gebären, die diesen Defekt haben könnten.
Auf der einen Ebene musste auf der Venus – rein äußerlich – immer alles schön und edel sein und auf einer anderen Ebene wurde viel vertuscht, deshalb durfte ich das Kind nicht bei mir behalten.
In mir wäre aber immer die große Sehnsucht nach diesem Kind gewesen.
Ich habe damals ein Stück von seinem Herzen an mich genommen.
Diese Mitgefühl-Erfahrung haben wir mit auf die Erde gebracht, um stärkeres spirituelles Wachstum zu erleben, wenn wir zusammenkommen.

Er wird sich so lange mit mir inkarnieren, bis ich bereit bin, ihn mit allen Deformationen anzunehmen und so zu lieben.

***

Nach dem Gespräch mit *Peters* Schwester rief ich in der *Psychiatrie* in *Weilheim* an, in die *Peter* gebracht wurde.
Ich erklärte der Ärztin alles *telefonisch* und sagte; *nur keine gewaltvollen Maßnahmen – die verträgt er nicht!*
Sie antwortete; *machen sie sich keine Gedanken, wir wissen jetzt Bescheid und warten auf ihn.*

Dann rief *Peter* von *Weilheim* an und sagte; *der Friedenrichter ist bestellt und er muss entscheiden, ob ich in Psychiatrische Gewahrsam genommen werde oder nicht. Sag mir – was soll ich tun? – bat er mich.*
Ich berichtete ihm, was der *dienst habende Psychiater* vom *Klinikum* an der *Isar* am Vorabend zu mir sagte und er solle ruhig bleiben.
Empfindungsgemäß rief ich später noch mal an und man informierte mich; *der Friedensrichter wäre jetzt da und ich könne Peter nicht sprechen.*

Ich überlegt; *was ist zu tun, dass Peter keine Fehler macht?*
Eine Stimme in mir riet; *zünde 8 dicke rote Kerzen an und bete das „Gegrüßet seihst du Maria".*
Ich tat es und betete wohl eine halbe Stunde – immer *dasselbe* Gebet.
Dann hörte ich in mir wieder die Stimme; *du kannst aufhören – es ist vorbei!*

***

Vielleicht – bis zu einer Stunde später läutete das Telefon.
Peters großer Bruder A. war am Apparat und er sagte; *Frau Sch.,
wie Sie das wieder gemacht haben, weiß ich nicht – mein Bruder
ist frei, wenn ihm was passiert, mache ich Sie fertig!*
Wieder diese Drohung! *Diese* Familie bestand mir gegenüber nur
aus *Drohungen*!

Ich sprach noch einmal mit derselben Ärztin von *Weilheim* – mit
der ich schon zuvor gesprochen hatte, als man ihn nach W. brachte und sie sagte;
*wissen Sie, dass ist ein ganz armer junger Mann – er war in sei-
nem Leben noch nie glücklich.*
*Es wäre besser für ihn, er bliebe noch eine Zeit bei uns, um sich
zu erholen und es ist wichtig, dass er seine Medizin nimmt, aber
er will gehen und wir können ihn nicht halten – der Friedensrichter hat so entschieden.*

Spät am Abend kam *Peter* in *München* an – und zu mir, ich war
erstaunt. Er hatte seinen Schlüssel vergessen.
Ich fragte ihn nach seiner Medizin und er sagte; *die habe ich gar
nicht mitgenommen.*
Er schlief fest bis zum Morgen, als uns sein Bruder W. so gegen
8.00 *telefonisch* mit der Frage weckte;
*ob Peter zufällig bei mir wäre – er hätte die Schlüssel vom ihm
und dieser könne wohl nicht in seine Whg.*

DER BRUCH IN DER BEZIEHUNG –
DIE PSYCHOHAFT

Zwei Begebenheiten empfand ich noch als *sehr gravierend:* Eins
Tage kam ich – von meiner Komparsentätigkeit – die ich immer
noch mit wahrnahm, nach Hause und fand auf meiner *Schrank-
nähmaschine* einen *gebleichten* Schafs-Schädel, das *dazugehörige*
Beiwerk und ein *rotes* Licht davor.

Ich fragte *Peter* – der später kam; *was soll denn das jetzt wieder?*
und er meinte; *er bleibe bei mir – er könne es in seiner Wohnung
nicht länger aushalten, dass würde alles zu belastend für ihn.*
*Am Abend fing er an, sich einen „Jeund" zu drehen und zu rau-
chen.*
Ich erklärte ihm; *dass kannst du hier nicht machen – ich vertrage
so was nicht.*
Darauf begab er sich auf den Balkon und rauchte dort. Es war
auch alles weiter nichts Auffallendes.

Wir hatten uns auf die Nacht eingerichtet, da meinte er; *er müsse
unbedingt das Licht brennen lassen, im Dunkeln halte er das
nicht aus.* Er fror und aß Kirschkompott. Dann ging die Stänkerei
gegen mich los.
Ich sagte; *was soll dass, ich habe den ganzen Tag „am Set" ge-
standen, ich bin müde – will schlafen und du führst dich auf, geh
in deine Wohnung, da kannst du das machen – hier nicht.*
Er gab keine Ruhe, bis ich den *urältesten* Trick – die *weinende*
Frau –anwandte, da ließ er mich endlich schlafen.

Am nächsten Nachmittag war er wieder da.
Ich informierte ihn; *heute kommt meine Tochter Simone, da
kannst du dich nicht so aufführen, was soll sie denken, was ich für
einen Umgang pflege.*

Meine Tochter kam, wir durften uns kaum zusammen auf die
Couch setzen.
Sie fragte; *was ist denn hier los,* worauf ich antwortete; *er spinnt
mal wieder und ich weiß nicht was ich machen soll – noch dazu
nimmt er sein Rauschgift wieder.*
Ich wohnte damals in einem Hochhaus Bogenhausen – in der 13.
Etage.
Simone ging auf den Balkon, um eine Zigarette zu rauchen. Er
ging hinterher und drückte sie an der Brüstung immer mehr gegen

die Balkonwand, am liebsten hätte er sie hinunter gestoßen, so *drauf* – wie er war.
Es regte ihn *alles* immer mehr auf.

Simone sagte ganz leise zu mir; *Mutti – ich gehe jetzt – ich rufe die Polizei, so wie er sich aufführt, weiß man ja nicht, ob du morgen noch am Leben bist.* Es ist gut – mache das, antwortete ich.
Wir mussten *erst* fragen, *ob sie gehen darf* – was er erst *nicht* wollte.
Ich sagte zu ihm; *lass sie doch gehen, dann sind wir wieder alleine, das ist dir doch sowieso lieber.*
Das leuchtet ihm ein.
Simone ging zur Hausmeisterin und rief von dort die Polizei.
Diese kam Minuten später – wie üblich zu zweit und sie sagten; *es ist nur eine routinemäßige Überprüfung, wem gehört hier diese Wohnung? Sie gehört mir und er ist zu Besuch,* antwortete ich.
Sie fragten; *kann er hier bleiben?* – ich erwiderte; *es ist mir lieber, wenn er jetzt geht – ich fühle mich durch ihn belästigt.*
Was los war, sahen sie ja ohnehin.

Er wollte nicht gehen – er hatte Angst!
Bitte geh jetzt nach Hause – sagte ich zu ihm, *ich gewähre dir keine längere Gastfreundschaft – so wie du dich z. Zt. bei mir verhältst.* Es ging alles *ohne Ausrutscher über die Bühne.*
Es war *seelisch* furchtbar belastend für meine Tochter *Simone* und mich – wir hatten *kein* Wohlfühlen.

***

Peter und ich – wir sahen uns danach eine ganze Weile nicht.
Ich hatte wiederholt versucht, dass sich jemand von den *Psychologen* um ihn kümmerte.

Sie lehnten es mit der Begründung ab; *er müsse es selber wollen
– Hilfe zu bekommen, man wäre auf meine Mittelung dort gewesen, aber er war in keiner Weise zu einem Gesprächs bereit.*

Ich hatte es am Postamt in der Zeitung gelesen:
„Der Irre von der Leopoldstr. " und gedacht; *er sieht aus wie der
Peter – nichts ahnend, dass er es war.*
Wie ich später von ihm selbst erfuhr, *war er voll „ston",* wild um
sich blickend im *„Affen-Gang"* – sein *Pfadfinderbeil* in der Hand
hin- und herschleudernd – in die gegenüber gelegene *Pizzeria*
gegangen, um Zigaretten zu holen.
Da man ihn dort und seine Whg. schon kannte, als er noch *normal*
war, hat man ihn die Zigaretten verkauft, aber auch gleichzeitig
die Polizei benachrichtigt.
Die Polizei kam in seine Wohnung, um ihn festzunehmen. Dieser
Festnahme hat er sich – mit dem Beil *wild* vor den Polizisten
rumfuchtelnd – widersetzt. Da haben sie auf ihn geschossen.
Er bekam zuerst den *bekannten* Beinschuss und dann noch einen
Lungendurchschuss.
Man brachte ihn ins Krankenhaus und er meinte; *noch auf der
Trage hätte er gelacht, bei jedem Atemzug ging es „blub" in
seinem Körper und das Blut ist ihm aus der Brust geschossen.*
Einige Tage danach wurde er wieder entlassen. Er kam erneut in
die *Psychiatrie,* was er auch soweit gut überstand.

***

Die größte Sache – die ihn dann absolut den Rest gab – war, die
Staatsanwaltschaft klagte an – *er* hätte die Polizisten *angegriffen*
und so kam er in *Psycho-Haft,* nachdem er sich gerade nach der
„Klapse" im Ferienhaus seiner Eltern erholte.
Ich rief natürlich sofort wieder bei dem *Haft-Psychiater* an und
erklärte, dass der *Peter* das nicht aushalte mit seiner Veranlagung
und dieser antwortete; *er sehe es genau so, dass hätte nicht noch*

*passieren dürfen, er kann aber nichts dagegen tun – die Sache
liegt jetzt bei der Staatsanwaltschaft.*

Ich fuhr nach *Stadlheim* und holte mir eine *Besucher-Erlaubnis.*
Nebenbei erfragte ich den Namen des *anklagenden* Staatsan-
waltes.
Am Sonntag besuchte ich *Peter* in die *Gefangenen-Abteilung* der
Psychiatrie. Wir durften nur *einzeln* zu ihm.
Ich sprach mit ihm, hinter einer *kugelsicheren* Glas-Scheibe. Er
war sehr bedrückt.

Indem ich meine Hände auf der Glasscheibe gegen die seinen
legte sagte ich zu ihm; *mache dir keine Gedanken, am kommenden Sonntag bist du frei* und er antwortete; *Dein Wort in
Gottes Ohr!*
Ich wiederholte; *glaube nur daran, am kommenden Sonntag bist
du frei!*

Dann wollte er – ich solle gehen. Er müsse mit dem Vater reden,
der wäre der *Einzigste* der es „*richten*" könne.
Die Mutter traf ich draußen, sie lächelte irgendwie verlegen, fand
es wohl gut, dass ich zu dem Sohn auch in dieser Situation stand.
Auf jeden Fall war es ihr *peinlich.*
Am Abend dieses Tages sprach ich mal wieder mit einem Mit-
glied der Familie und ich sagte; *dass ich da überhaupt nichts
machen könne – ich habe kein Geld.
Sie müssen einen guten Rechtsanwalt beauftragen, ich kann es
nur gedanklich unterstützen.*
Ich setze mich in Gedanken mit dem Namen des Mannes in Verbindung, der ihn anklagte.
In meinen Gedanken sah ich *diesen* am Schreibtisch sitzen – ich
kannte sein Gesicht nicht – es war für mich ein weißern Fleck.
Er schien mir zuzuhören und ich bat ihn; *die Anklage fallen zu
lassen.*

In der gleichen Woche war die Verhandlung. Die Familie hatte es
sich nicht nehmen lassen, einen der renommiertesten – *prominen-
testen* Anwälte Münchens zu wählen, und er plädierte auf; *Fallen-
lassen der Anklage!*
Die Staatsanwaltschaft *ließ die Anklage fallen* und *Peter* wurde
schon *Donnerstag* der gleichen Woche aus der *Psycho-Haft* entlassen.
Obwohl er dort nur wenige Tage verbracht hatte, war es so, dass
ihn *nichts* mehr aus *seiner immer tiefer werdenden Depression
holen konnte.*

***

PETERS TOD

Mein Freund *Peter* der mir damals aus irgendwelchen unerklär-
baren Gründen wichtig schien – aber eigentlich nur ein „Erlebnis"
für mich war – das erst ganz nett zu werden versprach, wäre er
nicht <u>schizophren</u> geworden, wurde für mich zur <u>zunehmenden</u>
Katastrophe.
Peter konzentrierte sich voll auf mich.
Ich wurde mehr und mehr für ihn der *einzigste* Mensch – den er
alles sagen konnte, dadurch drehte sich alles nur noch *um ihn.*
Je mehr ich mich um ihn kümmerte, umso mehr hatte es den An-
schein, dass sich *alles gegen ihn wendete* – ihn *zerstören wollte.*

Freitag den 13. Februar 1987 war mein Umzugs-Tag.
Peter verließ ebenfalls an diesem Tag seine Whg. in der *Leopold-
straße* und ging zurück zu seinen Eltern.
So lange *Peter* in München wohnte, habe ich sehr auf ihn aufge-
passt, dass es bei ihm zu *keinem* Suizid kam.
Ich konnte mich *auf ihn* und er sich auf *mich* verlassen.
Wieder bei den Seinen fühlte er sich von *diesen übergangen* –
was ihn mehr verletzte, als gut für ihn war.
*Keiner spräche mehr am Abend bei Tisch mit ihm – sie hielten
ihn alle für doof –* meinte er.
Er konnte *geschäftlich* nicht mehr *mithalten,* deshalb hielt ihn die
Familie aus ihren *abendlichen* Gesprächen – was die Firma betraf
– heraus.

Das Telefonieren mit mir sollte auch aufhören, das *viele* Geld dafür – im Sinne der Familie – nicht *unnötig* ausgegeben werden.
Für ihn was das Telefonieren *mit mir lebensnotwendig geworden.*
Ich war doch *die,* mit *der er nur* über *alles* reden konnte, was von
den Eltern wieder *nicht* verstanden wurde und die es aus *eigener*

Interesse zu verhindern wussten, damit er keine *unangenehmen familiäre* Dinge *ausplauderte.*

Unsere Telefonate wurden von daher mehr und mehr unterbunden – man verband mich nicht mit ihm, obwohl er auf meinen Anruf wartete.

Wenn die Seele sich im *Irdischen nicht* mehr wohl fühlt, zieht sie sich *in sich selbst* zurück.

Die Kommunikation mit der *Umwelt ist gestört,* die einzigste, die ihn noch *erreichte* – war ich und die hat man ihm von *familiärer* Seite genommen.

Sein *irdisches* Lebens schien ihn nichts mehr zu bieten und so zog er später, ob nun bewusst oder unbewusst – den Schluss-Strich.

Es war alles stark *deprimierend.* Seine gelegentlichen *schizophrenen* Anfälle waren *unberechenbar.*

Sein älterer Bruder W. fragte mich; w*ie oft wird er diese schizophrenen Schübe noch bekommen?*

Ich sagte; *er bekommt noch einen – dann ist es vorbei!*

Der letzte Schub war sein Tod!

***

Um mich zu besuchen, kam er noch *einige* Male nach *München.*

Ich war *voller* Hoffnungen für ihn.

Das letzte Mal, als *Peter* mich besuchte – fuhr er das *Auto* der *elterlichen* Firma – *schwarz.*

Ich dachte; *es ist der richtige Leichenwagen.*

Sein *eigenes* Auto – „seine Kiste" wie er es nannte – war ein *silberfarbener Mitsubitshi- Kombi* gewesen. Man hatte „sie" verkauft!

Es wurde *Frühling* und ich wollte mit ihm *raus* fahren, aber er meinte nur; *mit diesem Auto nicht.*

U. a. sagte er an diesem Tage zu mir: *„Ich schlafe ja nun im Ankleidezimmer meiner Mutter und da ich nie richtig schlafen kann – bekomme ich ja alles mit. Die Alten hoppeln wie die Hasen, ich* *möchte nur wissen, warum sie uns Kinder diesbezüglich so eingeengt haben.*

Unser *letztes* Gespräch war <u>am 3. April 1987</u> und wahrscheinlich *sein Todestag.*
An jenen Abend erfuhr *Peter* durch mich, da ich es <u>nichts ahnend</u> erwähnte; *ich habe ja angerufen – wie verabredet, aber dein Vater gab mir die Auskunft; Peter ist nicht da.*
Da platze für ihn die Bombe!
Er war so enttäuscht und er sagte; *so weit ist es schon und ich habe so sehr auf deinen Anruf gewartet.*
Wir redeten lange und ich fror.

Ich war völlig durchnässt nach Hause gekommen. Wir hatten den ganzen Tag bei Schneeregen *„Frühjahr 1932"* gedreht, für den Fernsehfilm „Die *Löwengrube*".
Ich war Komparse, womit ich mir immer wieder einige Mark *dazu* verdiente.

Peter hatte kein Verständnis mehr für die Belange der anderen – es ging alles an ihm vorbei.
Er sah nur sein *eigenes* Leid. Er konnte es nicht mehr nachempfinden, wie man sich fühlt, wenn man den ganzen Tag im Schneeregen im leichten Sommerkleid rum läuft, weil es im Film nicht zu sehen ist – der wässrige Schnee.
An *diesem* Abend, begab ich mich zeitig zu Bett und *wollte nur noch Ruhe.* Ich nahm das Telefon <u>nicht mit.</u>
Es klingelte ca. gegen 22.30. Ich dachte nicht daran, hinzugehen.
Dann fiel mir ein: *es könnte Peter noch mal sein* – ich nahm den Hörer ab – zu spät, der Anrufer hatte aufgelegt.
Als *Peter* noch in *München* wohnte hätte ich bei diesen Gedanken sofort zurückgerufen; ob er es noch mal war, aber unter den Umständen – mit der unfreundlichen Familie mir gegenüber – unterließ ich es.

Am darauf folgenden Tag – samstags morgen, ich war schon
zum Einkaufen angezogen, warf ich mit meinem weißen *Peleri-*
nen-Mantel das herum stehende Glas mit dem *Rest Rotwein* –
vom Vorabend – um.
Ich dachte; *es sieht aus wie Blut, was ist da wohl passiert? Peter*
rief weder Samstag noch Sonntag an.

***

Das Eigenartige war, ich erwachte Montags Morgen gegen 5.00
und sah *Peter* in einem weißen Nachthemd vor meinem Bett stehen. Er hat aber *nie* Nachthemden getragen – und er sagte; *Rosi –*
ich kann nicht schlafen.
Diese Schlafschwierigkeiten waren eines seiner Probleme, die
Auswirkungen vom Rauschgift!
Plötzlich war er verschwunden und ich schlief weiter.

Was ist mit Peter? – er lässt nichts von sich hören und ich möchte
nicht bei seinen Eltern anrufen, da bekomme ich wieder eine blö-
de Antwort, wenn der Herr des Hauses dran ist – das wollte ich
Montags Nachmittag vom *Medium L.* in Erfahrung bringen.
Das *Medium* informierte mich; *ich bekomme keine Antwort von*
meinem „Stimmchen", er wird es nicht doch getan haben. Ich ha-
be ihn so gewarnt, als sie mit ihm hier waren. Er musste es mir in
die Hand versprechen – keine Hand an sich zu legen.

Gegen 18.00 raffte ich mich auf. Ich rief bei *Peters Eltern* an.
Der Vater war am Telefon und ich sagte; *Herr B., ich will gar*
nicht weiter stören – ich möchte nur wissen, wie es Peter geht.
Er antwortete ganz sachlich; *Frau Sch. Peter liegt im Leichen-*
schauhaus – gute Nacht Frau Sch. und legte einfach auf!
Ich rief bei meiner Mutter an und sagte; *Mutti – der Peter ist tot.*
Sie sagte; *reg' dich nicht auf! Es ist nicht deine Schuld. Du hast*
alles für ihn getan, was du für ihn tun konntest!

Ich rief meinen befreundeten *Astrologen Leo* an. Er kannte *Peter* und unsere Geschichte.
Er äußerste in Anbetracht meine Schilderung der Umstände; *das kannst du doch den Vater nicht einfach abnehmen – der mit seinem skurrilen Humor, da musst du dich doch erst mal bei jemand anderen – Glaubwürdigeren – informieren.*

Peter hatte mir eine Telefon-Nr. mit den Worten gegeben; *wenn du wissen willst – was wirklich wahr ist, dann ruf den „Carlos" an.* Carlos war der Arzt der Familie.
An diesem Abend wählte ich diese Nr. gegen 22.00 und fragte; *ist es einer der makaberen Scherze von Hrn. B., dass Peter tot ist?*
Die Frau des Hauses – die am Apparat war – verband mich sofort mit ihrem Mann.
Er war erst mal geschockt, betreffs des „*makaberen*" Scherzes.
Dann informierte er mich; *es stimmt – Peter ist tot, die genauen Umstände dazu müssen Sie sich von einem Teil der Familie erklären lassen. Die Beerdigung ist am Dienstag.*
Ich weinte hemmungslos.

Der Arzt, der *völlig gegen mich beeinflusst worden war* – war sehr erstaunt und auch, dass *ihn Peter* so *gut* eingeschätzt hatte.
Eine gewisse *innere* Weisheit hatte *Peter* immer, wie es sich bei meinen Recherchen herausstellte, wohl in den *meisten* – seiner *vorangegangenen* Leben.

Ich bat den Arzt; *legen Sie eine rote Rose von mir mit auf Peters Grab – ich komme nicht. Die Familie wollte mich nicht und ich dränge mich nicht auf, die Leiche ist ihre Sache – ihr Körper, der Geist – die Seele – sind gegangen.*
Er sagte; *wissen Sie in welche Verlegenheit Sie mich da bringen?*

Es wäre mir <u>unmöglich</u> gewesen am kommenden Tag zu *Peter* Beerdigung zu fahren. Ich war vor Schmerz *in mir* wie gelähmt.
Ich hätte es *seelisch* <u>nur sehr schwer</u> verkraftet und dazu <u>noch</u>

seiner Familie begegnen zu müssen – sie hatte mich, außer seinem Bruder W. ihre Ablehnung stets spüren lassen – *wäre mir unerträglich gewesen.* Dadurch habe ich mich <u>nicht</u> persönlich am Sarg vom *Peter verabschiedet.*

Es bestand eine *starke karmische* Verbindung zwischen *Peter* und *mir.* Das Ende war früher oder später abzusehen, obwohl <u>es</u> niemand von den Beteiligten wahrhaben wollte.
Einmal sagte er zu mir; *weißt du, wie demütigend die „blöde Klapse" für mich ist, ich möchte da nie wieder hin.* Ich verstand ihn. Ich habe immer versucht *in seinem Sinne zu entscheiden,* sodass ihm *seine* Freiheit so lange wie möglich erhalten blieb.
Ich habe <u>in mir</u> viele Jahre sein *irdisches Ableben* geleugnet –
was sicher falsch war.
Vielleicht wäre sonst manches anders verlaufen!

***

GEIST PETER

Ich war *nie* an *Peters* Grab – wozu auch, er *war* und *ist* bis zum
heutigen Tage *hier* – meine ich.
Es ist nichts – was mich glücklich gemacht hätte, aber es *war* und
es *ist* eben so.
Die *Geister* der *abgestorbenen* Körper leben *nicht* auf den *Friedhof* – wie man glaubt, sie finden sich dort nur gelegentlich ein.

Als *Peter* starb war die Zeit erst mal für mich stehen geblieben –
ich war 48 Jahre!
Ich lag 3 Tage und 3 Nächte – es schien als könnte ich *nicht leben*
und *nicht sterben*, danach hatte ich den größten Schmerz überwunden.

Eines Nachts rief wieder *jemand* gegen 24.00 Uhr an und bestellte
ein Horoskop. So hatte ich was zum fertig machen und keinen
Zeit für *meinen Seelenschmerz.*
Beim Schreiben empfand ich *Peter* hinter mir und ich sagte; *lass
das* und er schien zu lachen und meinte;
Dein Klient kommt sowieso nicht! Und so war es auch!
Diese Tätigkeit ist z. Teil ein *Nachtjob* – was ich im Allgemei-
nen ablehne!
Die Menschen bestellen in ihrem Frust und dann bleibt man
manchmal auf der fertigen Arbeit sitzen!

Ich habe zu *Peters Lebzeiten* viel *Geduld – Zeit* und auch viel *Liebe in ihn* investiert.
Meine *eigene Persönlichkeit* kam in *dieser* Beziehung viel *zu kurz*
– meine *astrologischen Ausarbeitungen* ebenfalls, obwohl ich alles gern für ihn tat, <u>da ich erst der Ansicht war</u> – *in einigen Monaten hat er es überwunden.*

Peter nahm jedoch immer mehr die *Mentalität* eines *Kindes* an, man konnte es ihm noch so oft sagen; *ich habe keine Zeit* – er stand vor meiner Türe, wann immer er wollte und jedes Mal ging es nur um *seine* Belange.
Wenn er ging, meistens gegen 18.00, war ich nur noch *müde*.
Menschen mit *seelisch/geistigen* Problemen kosten viel Kraft. Sie haben wenig zu geben, *sie saugen einen völlig leer,* trotzdem hat man das Bedürfnis; *man muss ihnen helfen.*

* * *

Mehr und mehr wurde mir klar, dass es eine Sache war, auf die ich mich hätte *nie* einlassen dürfen.
Sie veränderte mein ganzes Leben. Es war als läge sich auf mein ganzes Wesen ein *schwarzer Schleier,* der meine Fröhlichkeit, mein *strahlendes Sein* verdunkelte – eine Macht, die mir nach und nach nahm, was mein eigentliches Ich ausmachte.
Ich konnte es einfach nicht wieder abstellen, wie ich zuerst dachte
Mit der *inneren Traurigkeit* und Schwere veränderte sich auch mein Äußeres. Ich verlor meine Beschwingtheit – meine Unbekümmertheit, meine Kommunikationsfreudigkeit. Ich wurde äußerlich voller.
Es wurde mir immer bewusster; <u>das ist nicht mein Leben, was ich jetzt lebe.</u>
Durch diese Sache habe ich *nicht* erreicht, was ich in *meinem* Leben erreichen wollte und erreicht hätte, wäre ich „ihm" <u>nicht</u> begegnet.

Ich nahm zunehmend Medien in Kotakt, um „es" zu gründen und endlich davon befreit zu sein.
Ich nahm mir vor, nie wieder zu helfen, aber es ist <u>nicht</u> zu entfernen – glaubt „es"! – *Ist es doch!* – meine ich.
Ich habe Erfahrungen gemacht, die ich *nie* machen wollte.

Wenn ich es auch <u>nicht</u> bereue, ich <u>bedauere</u> es aus <u>tiefsten</u>
Herzen und ich *sehne* mich nach dem, was ich „<u>mein Leben</u>"
nannte – <u>nicht</u> nach dieser *astralen Plage.*

Es ist mir dadurch im Lauf von mehr als 20 Jahren ein *materieller*
Schaden und ein *finanzieller* Verlust entstanden, <u>der nicht wieder</u>
<u>zu beheben ist.</u>
In mir lebte das Schuldgefühl, dass ich hätte noch mal an jene
Abend anrufen müssen – um nachzufragen, ob es der *Peter* war –
der gegen 22.30 bei mir angerufen hat, was ich wegen der Hemmung in mir – *seine Eltern würden mich blöd anreden,* wenn ich
so spät nach ihm frage – versäumte.

PETERS ASTRALES ZUHAUSE

Einige Tage nach *Peters* Tod – im April 87 – ich blickte so auf
die Wand meines Arbeitszimmers; *da sah ich vor meinem gei-*
stigen Auge – meine 1970 verstorbene Großmutter, auf einen kah-
len Berg steigen.
Sie war – wie ich sie kannte, als sie so um die 70 Jahre zählte –
sie starb im Alter von 87 Jahren.
Der Wind wehte kräftig, sie band sich das Tuch fester um den
Kopf.
Auf diesen öden kahlen Felsen – in <u>trüber</u> Landschaft lag ein
junger Mann. Sie beugte sich zu ihm herab und sprach; *warum*
kommst du denn jetzt schon, du hattest doch noch so viel Zeit!
Dann war diese *Vision* verschwunden.

***

Bei einer meiner – *bewusst gesteuerten mentalen* – *Reisen* besuchte ich *Peter im astralen Bereich!*
Peters *neues* Zuhause ist eine *alte Burg* – auf einem *hohen Berg* –
die *immer* im Schatten liegt.

Dort wo <u>ihn</u> *Großmutter Anna* fand.
Es ist eine schöne, feste alte Burg, aber keine Sonne – keine
Pflanzen – keine Bäume, eben ein kahler Berg.
Ich ging – bei meinem Besuch – zum großen Burg-Tor hinein.
Die Burg ist sparsam und sauber eingerichtet. In der Mitte des
Raumes befindet sich ein großer dunkler *Sarg* – durch ihn war
wohl sein Einstieg.
An den Wänden hängen alte Schwerter auch Wappen – Ritter-
rüstungen etc. stehen herum.
Peter wollte, dass ich bei ihm bleibe. Ich sagte zu ihm; *dieser Ort
ist mir zu gruselig, da fürchte ich mich und da friere ich. Es ist
eine richtige Vampir-Burg.*

Geht man den Berg hinunter, befindet sich im Grünen eine ganz
kleine alte Hütte – *halb verfallen, aber sonnig.* Dorthin will er
nicht, dass ist ihm zu primitiv.

***

WAS GESCHIEHT BEIM STERBEN

Wie ich mich selbst an Hand von Fotografien überzeugen konnte, löst sich beim *Sterbe-Prozess* zuerst der *Astral-Körper* oder die *Astral-Seele* vom *irdischen Körper* in wunderschöner *hellblauer Farbe*. Er schwebt wagerecht in ca. 50 cm Höhe darüber.
Im weiteren Vorgang des Ablebens folgt der *Mental-Körper* – in der *Farbe orange-gelb*, ebenfalls wagerecht darüber schwebend.
An diesen *unsterbliche Geist* ist unser „*Ich-Selbst*" gebunden und bleibt mit ihm verankert, bis wir die Lebens- und Erlebensreise einmal ganz aufgeben, um *als reiner – sich bewusster Geist* <u>zu sein</u> oder im *ewigen Eins-Sein* zu *verschmelzen*.

Der *3. Körper,* der sich von der Sterbenden abhob, war ein *bunter – bereits in der sich aufstellenden Schräglage* befindlich – als die *fotographische* Aufnahme gemacht wurde.

Es dürfte sich nach *Ellen Grasses* Beschreibung um den *Vitalitätskörper* handeln, der sich *letztlich auflöst*.
Durch den *Vitalitätskörper* – einem *elektromagnetischen Fluid* – auch *Astral-Matrize* genannt, wird der *Seelenkörper* an den *irdischen* Körper gebunden. *Dieser Kontakt wird beim Sterbeprozess unterbrochen.*
Bei *Selbstmördern* kann ein Teil des *Vitalitätskörpers* noch *angehaftet* bleiben und deshalb sind sie *erdgebundener*.
Das ist bei *Unfalltod* ebenso, wenn der Tod zu schnell erfolgt, hat die *Seele* keine Zeit sich *langsam* zu lösen – *auszuatmen*!

***

Der Astral-Körper wird als „Doppelgänger des irdischen Körpers" angesehen, da er von derselben Gestalt ist und die Eigenheiten des Körpers beinhaltet.
Der *Astral-Körper* oder die *Astral-Seele* begibt sich – nach dem sie den *irdischen Körper* für *immer* verlassen hat auf die *Astral-Ebene.*

Hier besteht die Möglichkeit, dass der *Astral-Körper* mit dem *inneren Wesenskern* oder Teil des *Mentalkörpers – nach irdischer Zeit,* bis zu 3500 Jahren existieren kann – im so genannte *Himmel der Seeligen* – was für die *Seelenfamilien* spricht!

Die *irdische Ebene* ist an *Zeit* und *Raum* gebunden.
Die *Astral-Ebene – die Sphäre der vergänglichen Seelen und des umwandelbaren Geistes* – nur an den *Raum,* während die sich darüber befindliche Dimension – die *fünfte* oder *Mental-Ebene, raum-* und *zeitlos* ist.

Zum Thema; **was geschieht beim Sterben** übernahm ich von *Ellen Grasse* folgendes;
Nach dem Einschlafen verlassen Denk- und *Emotionskörper unseren physischen* Körper – *über den Solar-Plexus oder das Scheitel-Chakra, während beim Sterben der Vitalitätskörper mit dem Denk-* und *Emotionskörper* <u>*zusammen*</u> *den physischen Körper verlassen.*
Diese drei unsichtbaren Körper verdichten sich und bilden einen neuen Körper, der meist jünger aussehend das Ebenbild des Sterbenden ist und anfangs über diesen schwebt. –

***

Das Sterben des Menschen ist das Ende der Persönlichkeit im Irdischen. Die verstorbenen Menschen-Geister befinde sich nicht auf dem Friedhof – sie sind meist um uns, auf einer an-

deren Ebene und an Plätzen wo sie am liebsten zu Lebzeiten weilten.

Der *Friedhof* ist nur der *Aufbewahrungsort* für den *gewesenen menschlichen Körper* – die *Gedenkstätte* für den *gelebten* Menschen, wo man hingehen kann, um ihn zu *würdigen* – für sein gelebtes Leben. Da die Gebeine hier ruhen, ist es mehr ein *mystischer Ort*, um mit den *Verstorbenen* in *näheren geistigen Kontakt* zu treten – *seiner zu gedenken.*

Der *Friedhof* ist also ein *geweihter Ort* – der Ruhe und des Friedens für Menschen, die mit sich im *inneren* Frieden verschieden sind – mit ihrer Familie in Einklang.

Für andere kann es ein *Ort des Grauens* sein, deren Leben nicht in wohlgeordneten Bahnen verlaufen ist.

Wenn die Seele den Körper verlässt, hat sie das Raum/Zeit-Denken beendet.

Sie befindet sich auf der *4. Dimension* und diese ist RUND – wie ich mich selbst überzeugen konnte. *Diese Dimension hat nur Raum, aber kein Zeit.*

Von hier aus – der *4. Dimension,* ist die *3. Dimension* – WIR – voll überschaubar – sie befindet sich in ihr.

Sie ist mit unserem Raum verbunden und deshalb befinden sich die Verstorbenen um uns – in einer anderen Dimension – auf einer *anderen Ebene.*

Der Tunnel hat die Bedeutung; **die irdischen Raum/Zeit** zu verlassen, um in den *zeitlosen Zustand* des *ewigen Lichts* oder der *Finsternis* überzugehen

<u>Das liegt im Geist</u> – im <u>Sein</u> des *gewesene Menschen* begründet.

Das Licht ist überall – zu jeder Zeit, wenn es die **Seele** aufgrund <u>ihrer</u> <u>Beschaffenheit</u> *wahrnehmen und ertragen kann.*

Je reiner – heller die Seele, umso mehr Licht kann sie vertragen.

Der *negativ Verstorbene* kann nur in *niederen Ebenen* verweilen, bis er sich – von sich aus – geläutert hat. Er lebt in einem *Dämmerzustand* und ist verdammt, sich in einer *tiefer gelegenen*

Astral-Ebene aufzuhalten, oder er „geistert" am *Erdenplan zwischen* den *lebenden Menschen* rum und wird denen zur Plage.
Z.B. Selbstmörder, die hier so lange verweilen müssen, <u>bis sie</u>
<u>sich ihres Fehlverhalten bewusst werden und es sich verzeihen</u>
<u>können.</u>

Dämmerzustand bedeutet; *vom eigenen Bewusstsein entfernt.*
Das eigene Bewusstsein, macht uns zu dem – was wir sind!
Wenn man sich durch *eigenes Fehlverhalten* <u>nicht</u> mit der *eigenen Göttlichkeit* – dem *Höheren Selbst* verbinden kann – lebt man
in einem <u>Dämmerzustand</u>.
Das *eigene Bewusstsein* – <u>Höhere Selbst</u> zu erreichen, ist das
Licht, nachdem sich der *Verstorbene* sehnt.

Der Geist kann sein Fehlverhalten aufarbeiten – in einem weiteren Leben – *die gewesen Persönlichkeit nie,* sie muss sich damit
abfinden – *so zu sein* – so gehandelt oder verhalten zu haben und
mit *ihrem gelebten Leben ihren Frieden finden.*
Das geht nur über die Gnade der anderen – in dem man ihnen
verzeiht und sie trotzdem lieb hat.
<u>Klarheit bring das Licht</u> – die eigene Göttlichkeit – das Höhere
Selbst, wenn man <u>Licht</u> ins <u>Bewusstsein</u> gebracht hat – durch *eigene Anstrengungen,* <u>kann man ins Licht zurückkehren und dort</u>
<u>verweilen.</u>

***

**Betr. des Sterbeprozesses selbst fand ich im Internet
diese Studie der Metaphysischen Lehrer.**

Das *Höhere Selbst* <u>bestimmt den Moment</u>, wann das *physische
Samen-Atom – das den Seelen-Plan des Höheren Selbst enthält –*
bestimmte Informationen an die <u>endokrinen Drüsen</u> gibt, um über
den Blutkreislauf den Tod zu stimulieren, einzuleiten – zu verar-
beiten.
Die Drüsen sezernieren bestimmte Stoffe – das Todeshormon.
Das Hormon kreist dann um das physikalische System, die Frei-
gabe der <u>unmateriellen</u> Aspekte aus den <u>physischen</u> zu erwirken.
Der *Mental-, Astral-* und *Ätherleib* distanziert sich vom <u>physi-
schen</u> <u>Körper</u> – die dem *Samen-Atom* folgen.
**Das erste – das betroffen ist und frei wird – ist das geistige
Saat-Atom.**
Da es den *physischen Körper* verlässt,<u> geht die geistige Auf-
zeichnung</u> der Seele und das Bewusstsein mit ihm.
**Das ist der Beginn des Bardo – von der keine Seele befreit ist,
auch wenn der Tod ganz plötzlich erfolgt!**
Sobald das **geistige Saat-Atom entweicht** *– aus dem physikali-
schen System,* **fällt der Körper ins Koma.**
Obwohl der *physische Körper* noch *auf Reize reagiert,* gibt es
<u>keinen</u> *Eintrag in das Bewusstsein der Seele –* **durch das Gehirn.**

Weiter wird aus dem *physischen Körper freigesetzt,* das **astrale
Samen-Atom.** Durch das Fehlen des *astralen Samen-Atom,* liegt
der Körper träge und sinnlos.

Das Entweichen des **physischen Samen-Atom** *markiert den Beginn des* **klinischen Todes. Sein Verschwinden aus dem physischen Körper bewirkt die Auflösung – Zersetzung der physischen Form –** <u>die schmerzfrei ist.</u>
*Das Fehlen des geistigen Samen-Atom verhindert, dass es im
Bewusstsein wahrgenommen wird.* <u>Auch das Todeshormon be-
täubt das ganze physische System.</u>

**Jeder Todeskampf oder Krämpfe spiegeln lediglich die Frei-
gabe der Komponenten der Seele wieder** – *die den physischen
Körper belasten* – **der die Abreise der Seele zu verhindern
sucht.**

<u>Die Person</u> – der *Körper <u>ist über die Astralleiberhöhung – der
Leuchtkraft zu verlassen,</u>* selbst im Falle eines plötzlichen Todes
**Die Geistes-Seele kann nur über das Scheitel-Chakra den
Körper entweichen, da das Höhere Selbst – Licht – sich darü-
ber befindet.
Alle Samen-Atome** – *wie sie aus dem physischen Körper kom-
men,* sind in die<u> astrale Form </u>übertragen.

Mit der *Übertragung* der **geistigen Samen-Atomen** *erwacht das
Bewusstsein der Seele* allmählich in den *astralen Zustand* und hat
die **Erfahrung des Bardo.
Sobald das Bardo erfahren ist, wird die Seele – das Be-
wusstsein-Prinzip – von Wesen,** *die im Voraus darauf auf-
merksam gemacht wurden* – begrüßt.
*Die Sterbenden werden oft durch Musik – gespielt von geistigen
Wesen – angezogen und in die Astrale Welt aufgenommen.*

***

Wenn das *physische Samen-Atom* – <u>die physische Formgebung</u>
übertragen ist auf den *Astralleib,* schnappt der **sutratma – das
Lebensband** (Silberschnur) – **und prallt auf die** *physische Form,
wo er selbst bis auf die Knochen fließt,* <u>erfüllt</u> von der <u>Qualität
des Magnetismus </u>der Persönlichkeit der Seele der **sutratma.**
Da er bis auf die Knochen prallt, <u>imprägniert er das ganze
Grundgerüst mit der Schwingung der Seele.</u>
*Deshalb werden aus den Knochen bestimmter Personen <u>ma-
gische Werkzeuge</u> gemacht!*

Sobald die *Seelen-Übertragung* abgeschlossen ist, triftet die *astrale Form* (Astral-Körper) in *die Region der astralen oder geistigen Welt*, wo sie sich eine <u>zeitlang</u> aufhalten wird.

Der *Ätherleib* ist aber immer noch mit der *physischen Form* – Körper, durch den **sutratma – Lebensband** verbunden. *Er löst sich gleichzeitig mit dem physischen Körper.*
<u>Mit dem Fehlen des *höheren* Prinzip</u> – **dem Ätherleib wie der physischen Form** – <u>ist **er** nur eine leere Hülle</u> und kann von irgendwelchen, mit gewissen Ähnlichkeitsmerkmalen des Lebens – *wie der Verstorbene,* durch *Astralwesen* <u>mit der Lebenskraft inkarnierter Wesen</u> entlehnt – verzinkt werden.
So eine *leere Hülle* kann von <u>jedermann</u> benutzt werden, *um zu Täuschen und irre zu führen,* <u>es muss nicht immer der eigene Besitzer (Verstorbene) sein.</u>

Einige Formen des Vampirismus sind auch mit dem Ätherleib verbunden – wenn der Verstorbene keine Lust verspürt irdisch tot zu sein.
Leichen – noch frisch in ihren Gräbern ist das Ergebnis eines vitalen Ätherleibs von einiger Intelligenz.
Aufrechterhaltung – <u>Lebensunterhalt</u> durch den *Akt des Vampirismus animiert. Diese Wesen besitzen einige psychologische Eigenschaften und Erinnerungen an die ehemaligen Insassen der ätherischen Form.*

Durch eine Feuerbestattung entfallen die *negativen Phantome.*
Da in den Gebeinen – <u>Knochen</u> noch <u>Vitalkraft</u> ist, dass erklärt manches!   - inhaltlicher – teils wörtlicher Auszug -

***

WO BEFINDET SICH DAS JENSEITS?

Gerhard - mein geistiger Berater informierte mich:

Mit dem Peter bist du eine Seelengemeinschaft eingegangen -
das war falsch!
Du hast den Peter in deiner großen Liebe zu viel Macht gegeben, dass er dich zum Teil beherrscht und unterdrückt und nur
du kannst das aufheben, in dem du den seelischen Abstand
gewinnst.
Es liegt an dir – nur an dir"!

„Die „Toten" wesen in den Körpern ihrer Lieben - wo sie sich
nähren, bis diese absterben oder die Verstorbenen wieder geboren
werden.
Der Mensch an sich kann viele Seelen bergen; wovon nur eine
bewusst den Körper beherrscht.
Jeder lebende Körper kann bis zu 10 verwandte Seelen tragen
und nähren, ohne dadurch belastet zu sein."

Ich konnte mich damit *nicht* identifizieren: Diese *schwarzen
schattenhaften* Wesen und Gestalten wachsen aus unserem *Solar-
plexus* – wie Kinder an der Nabelschnur der Schwangeren.
Es sind unsere *nicht ausgelebten* Empfindungen denen wir Kraft
geben, die sich *in* oder *durch* uns aus dem Schattenreich gestalten
– erzeugen, die uns zur Pein werden können, wenn wir die Empfindungen mit den aus *unserem* Leben *geschiedenen* Personen
nicht zu *unserer eigenen seelischen* Zufriedenheit bereinigt und
gelöst haben.

Man kann so etwas *zeitweise vernunftmäßig* übergehen, aber irgendwann holt die Gegebenheit uns wieder ein, um vollständig bereinigt zu werden – in *unserem eigenen* Sinne.
Man kann an der *eigenen* Erfolglosigkeit kranken!

Mir wurde klar, letztlich geht es um die *eigene <u>dadurch</u> verletzte Seele, die <u>damit</u> nicht umgehen kann* und wodurch *es,* durch das *eigene Hirn stimuliert wird* – die *irdische* Reaktion.
Gott ist die einfache Devise – durch das <u>für mich</u> Angeregte.
Gott lässt geschehen – was der Mensch erwartet.
Letztlich sind wir das, wozu wir uns selber gemacht haben –
<u>irdisch,</u> durch die Umwelteinflüsse geformt – geprägt.

Das *Familienverhalten* – die *Stimulierung* der <u>eigenen</u> Seele, (Seelenverletzung) – Körperverletzung, die Arbeit der Gene in uns; *Erfüllungszwang* – *Selbstbestrafung*; *Schuld* – *Reue* – *Sühne,* Opferrolle – *Opferung des eigenen Seins* in Bezug *einer Idee,* die durch *sich selbst Gestalt annimmt* und durch *sich selbst bereinigt* – <u>erlöst</u> werden kann, <u>die Ahnen in uns</u>; die *Erwartungshaltung* – der *Erfüllungszwang.*

Unser Geist – *unsere Seele kann sich* <u>in der *Verkörperung*</u> immer <u>nur,</u> *in der vorgeschrieben Form* – die durch die *Gene der Ahnen vorgeschrieben ist* – *wird,* bewegen – erfahren – erdulden – erleiden – erleben.

Mein geistiger Berater informiert weiter!
Du – Rosemarie, bist die Erfahrung aus Raum und Zeit – in Raum und Zeit.
Die Astral-Seele endet mit dem Tode der gelebten Persönlichkeit im Irdischen und verweilt dann im so genannten „Astralen Himmel", als das – was sie zu Erdzeiten war. Absplitterungen gibt es dann nicht mehr!

Peter verweilt als gelebter Peter im astralen Bereich, bis er von sich aus zerfällt oder sich ganz auflöst.
<u>Seine Geistes-Seele ist weiter gewandert.</u>
Was vom gelebten Peter zurückbleibt ist ziemlich unbefriedigt. Er muss das mit sich aufarbeiten und ist somit noch an die Materie gebunden.
Natürlich ist er eine Plage für alle, die ihn bemerken. Die Verbindung von dir zu ihm war zu eng und er hat überhaupt keinen Willen etwas zu beenden, was für ihn vom Vorteil war.
Alle astralen Körper verweilen in der Nähe ihrer Lieben und Familien, bis sie sich wieder vereinen und so ein Leben des Bewusstseins leben, bis sie zerfallen.
Es handelt sich hierbei immer um das Leben in der gelebten Zeit. –
Der rastlose Geist kümmert sich wenig darum, er schreitet von Erfahrung zu Erfahrung – von Leben zu Leben und von einer Welt in die andere – das ist die Wahrheit.

Und nun wähl Du, lebst du einmal oder mehrere Male?
Du – Rosemarie lebst einmal, die Erfahrungen deines Geistes – leben im nächsten Leben fort.
Was übrig bleibt ist letztlich Schutt und Asche – während der junge nie alternde Geist unbeschwert weiter wandert. Deshalb Geisteswanderung!

Mir wurde bewusst; *der Körper lebt – die Seele west – der Geist IST!*
Ein *abgestorbener* Körper *verwest,* weil das Wesen „Seele" ihn verlassen hat!
Deshalb heften sich die Verstorbenen an die Körper ihrer Lieben.
Die Verstorbene leben im selben Raum mit uns, aber nicht in der gleichen Sphäre. –
Es sind Bewusstsein-Ebenen!

Meine *verstorbene Mutter* teilte mir mit; *wir haben überhaupt kein Gefühl für Zeit. Es ist ein stetes Sein unter Empfindungs-Eindrücken!*

Mein *Großvater Johann* informierte von *Drüben*, dass einige *unserer verstorbenen* Familienmitglieder bei der *Wieder-Verkörperung* ihren *Astral-Körper* <u>völlig</u> auflösen. Es sind *Geistes-Seelen* die sich <u>nicht</u> „splitten"!
Der gesamte *Geistes-Seelenkern* geht *geschlossen* weiter! Je nach Wahl der Gegebenheit, kann *dieselbe Geistes-Seele* bei der *nächsten* Inkarnation sich auch wieder anders entscheiden.

Somit ist das *Jenseits ein Teil in uns* und unsere *lieben* oder *bösen* Verstorbenen leben in *unserem Bewusstsein* fort und sind so *positiv* oder *negativ* für *unser* Leben.
Deshalb „holt" der Großvater evtl. die Großmutter kurz nach seinem Tode nach, weil die *Seelen* so eng verbunden sind.
Die *Geistes-Seele* ist *mannigfaltig – das Bewusstsein lebt in und um uns –* <u>es ist!</u>

Es wird immer das sein, was man glaubt – das es IST!
Es liegt letztlich im Ermessen des *irdisch* Lebenden, sich aus dieser *Verstrickung* zu befreien, die anhängige *Bewusstseinform* –
die in der Trennung *keinen* Vorteil für sich hat, *wird es sicher nicht tun!*

Mein geistiger Berater erklärt:
Das Irdische kann nur durch das Irdische in Kraft treten – existieren.
Das Irdische kann durch das Geistige inspiriert werden.
Nur das – an was ich glaube, kann irdisch existieren – was durch das Geistige inspiriert wird.
Nur das – an was ich glaube, kann sich vom Geistigen im Irdischen manifestieren.

Die Stärke des Glaubens ist entscheidend für das Maß aller
Dinge.
Was ausgelebt ist, erübrigt sich von selbst. Verantwortung
trägt der Verursacher!
Jeder – der sich das Leben nimmt ist schuld an seinem Tod.
Die Freiheit des Denkens und Handelns liegt bei jedem selbst!

Andere gegen ihren Willen beeinflussen ist Unterdrückung
der persönlichen Freiheit des einzelnen – zieht Strafe nach sich!
Jeder <u>ist</u> Verursacher seines Schicksals – Erkenntnis ist der
Weg zur Befreiung – Angst führt in die Versklavung.

Die Verstorben können sich nur über die Lebenden zum Ausdruck bringen. Ich dachte immer wieder; *ich lebe und er so jung
– ist schon tot!* Dabei wusste ich verstandesmäßig, dass *sein* Problem sich *nie* hätte bereinigen lassen, aber die *Seele ist nicht Vernunft – Verstand,* sie unterliegt *anderen* Kriterien.
Durch die *große* Verletzung und die *Erschütterung* über *seinen*
Tod, habe ich „ihm" die Möglichkeit geboten, <u>seine</u> *Seelen-Absplitterung* über mich „leben" zu lassen.

**Die Bewusstseinsanhängung – die Seelen-Absplitterung ist
seine, aber die Kraft mich zu behindern ist die meine.**
Die nahm er mir schon mit der Atmung weg. Vor allem die *Heilkraft* die mir aus den Augen kommt.
Ich habe diesen *Astralkörper* ständig um den Kopf, weil er sich
mit <u>meiner</u> *Heilerkraft regeneriert*!
So geht mir meine <u>eigene</u> Heilkraft für mich selbst verloren.
Je mehr ich *es* mit *Gedanken-* und *Emotionskraft* nährte – in meiner *Wut – Liebe* und *Hass,* umso mehr konnte *es* mich – *über
mich behindern.*

Ich konnte es mir lange – viele Jahre nicht verzeihen so *blöd*
gewesen zu sein – mich so verletzen zu lassen, dass *es* mir passiert war, wo ich doch immer alles *bewusst* „im Griff" hatte.
In *meinem Unterbewusstsein* war ein so *gravierender* Schmerz,
der sich irgendwie immer wieder *verselbstständigte*.
Ich hasse es, *meine Empfindungen* nicht voll zu kontrollieren und
sie unter den „Hut" zubringen.
Ich wollte diese für mich so belastende Erfahrung – *Peters Tod*
mit *Logik* lösen, *aber „verklemmte" Empfindungen kann man
damit nicht ausleben – befreien! Allein ist das schwer zu bewältigen, weil der Gegenpartner zur richtigen Fragestellung – zur
Aufarbeitung fehlt.*
So hat sich das Problem zum *Mammut* ausgewachsen, die Kraft –
mit der ich die Empfindungen unterdrücken wollte, <u>ist aus mir</u>
entstanden – mich *irdisch* zu behindern. Ich habe „ihn" den *irdischen* Boden *zu existieren* – bei *mir* geboten.

Das Jenseits befindet sich in uns. Es ist das *Nichtsein* – das *Nir-
wana, das Alles oder Nichts* – das durch den *Geist bewusst Ge-
machte* eines *Menschen* oder *Wesens*, durch den man *sehr gelitten*
hat und die Erinnerung daran, von der *eigenen Seele nicht positiv
verarbeiten werden konnte* oder kann, dass *sich selbst verzeihen*
können; <u>*so dumm gewesen zu sein*</u> oder *sich nicht besser davor
bewahrt haben zu können* – eine Bewusstseinform *in uns*, die so
lange am Leben erhalten wird, <u>bis wir *ihm – uns* verzeihen kön-
nen</u>.

***

FAMILIEN-KRIMSKRAMS

Wie mir das *Medium* M.M und auch das *Medium L.* bestätigten;
Peter war in seinem Leben – vor diesem – mein Großvater Karel.
Er starb mit 38 Jahren. Mein Vater war damals 7 Jahre alt.

Mein Großvater *Karel* war ein sehr *schöner Mann – wie man*
sagte. Als Kind wohl sehr eigenwillig.
Als meine Urgroßmutter *Franziska* – seine Mutter – an *Leber-*
zirrhose verstarb, ist er von Zuhause weggelaufen. Sie soll eine
fröhliche und *schöne* Frau gewesen sein, die *Franziska Subrt* –
eine *Gärtnertochter*, die als *singende Kellnerin* ihren Broterwerb
nachging.
Ihre Eltern hatten in *Reichenberg eine große Feldgärtnerei* – hieß
es. *Großmutter Anna* wusste noch – wo es war.
Großmutter sagte; *mein Großvater Karel hatte immer ein Bild*
und eine rotblonde Locke von seiner Mutter in seinem Gebetbuch
bei sich. Der Vater meines Großvaters *Karel* galt als <u>unbekannt</u>.
Ich meine – sein Erzeuger war ein Fremder, irgendwie war Großvater so anders als die *tschechischen* Männer!

***

Großvater *Karel* war groß, schlank – <u>herrenhaft</u> im Auftreten. Er
hatte viel Sinn für Kultur und Gepflegtsein – sein Modebewusst-
sein war ausgeprägt. Die schöne Stimme hatte er von seiner Mutter gerbt und so war er sehr beliebt und unterhaltend im Wirts-
haus; *wenn Subrt Karel kommt wird es lustig* – hieß es.
„Die Mühle am Schwarzwald" war sein Lieblings-Musik-Stück,
sagte *Großmutter Anna*.
Gesundheitlich war er empfindlich und <u>schwere</u> Arbeit lag ihn
weniger – er hat sein Geld als Kutscher verdient.

Großmutter *Anna* war von ihm total *seelisch gefangen* und es
muss ein *Rausch von Liebe und der Sinne* gewesen sein – dem sie
verfiel und sie veranlasste, ihr gutes <u>Versprechen mit einem Post-
beamten</u> und Pension zu lösen.
Sie sagte; *ich hatte es seiner Mutter am Sterbebett versprochen,
dass ich mich um den Franz kümmere, aber ich konnte es nicht
halten, das andere war stärker als ich.*
Noch vor ihrem Tode sagte sie zu mir; *weißt du Rosi – ich habe
deinen Großvati sehr lieb gehabt, aber er hat mir nur Unglück
und Schande gebrach. Ich hätte das Versprechen – was ich
Franz' Mutter gab – halten müssen.*

***

Großmutters Tochter *Anni* – vor meinem Vater geboren, hatte die
Schönheit ihres Vaters *Karel* geerbt – die *kastanienbraunen Haare* und *die veilchenblauen Augen. Sie galt als das schönste Mädchen von Reichenberg.*
Sie pflegte ihren Vater mit 12 Jahren vor seinem Tode.
Sie sagte; *mein Vater war ganz anders als die Mutter – er war
ein herzensguter Mann und liebevoller Vater. Für die Mutter
hätte ich es nicht getan – was sie auch im Alter für ihre Mutter
<u>nicht</u> tat, aber sie hat für alles gut gesorgt – was diese betraft und
auch bezahlt – wo es nicht ganz reichte!*

Tante Anni konnte sehr hart sein – <u>Anstand</u> und <u>Ehre</u> waren sehr
wichtig für sie – sie war auch eine *Jansky* – betonte aber immer;
sie gehe nach den Hamacek und dass sie froh wäre, <u>nicht</u> *wie die
Jansky zu sein.*

Großmutter sagte auch, dass ihr Mann *Karel* sie immer wieder
ermahnte; *Anna – sei nicht so, du musst nicht so sein.* Das sagte
Großmutter später auch zu mir, wenn mir das Blut vor Wut kochte; *Rosi – sei nicht so, dass hat dein Großvati immer zu mir gesagt, aber ich war so und ich habe es bitter bereut.*

Als er dann so hustete hat sie zu ihm gesagt; *was hast du denn immer mit deinen „bläden" Husten, wir können nicht das ganze Geld zum Doktor tragen* und dann war es zu spät – binnen 3 Tagen war er im Spital gestorben, als sie kam, ihn zu besuchen, hatte man ihn schon „raus gebracht".
Das hat ihr einen *furchtbaren* Schlag versetzt, er war an der „galoppierenden Schwindsucht" gestorben.
Das hatte sie nicht gewollt – das „bissl Husten" – so ein Theater darum und dann das – mit 38 Jahren!

***

Die *Mutter* meiner *Großmutter* war eine geborene *Hamcek* – sie brachte den *Meierhof* in die Familie, der *diese* ernährte. Sie heiratete den *Josef Jansky* – wie diese Beziehung zustande gekommen ist – weiß ich nicht.
Jedenfalls war meine *Urgroßmutter Anna* vor *dieser* Eheschließung *Amme*, da ihr erstes Kind gestorben war.
Sie hatte mit dem *Jansky* drei Kinder – zwei Söhne; *Karl* und *Franz* und *meine Großmutter Anna*.
Das 4. Kind – ein Mädchen starb mit 4 Jahren an dem Biss eines *tollwütigen* Hundes.
Großmutter erzählte; *es ist furchtbar gewesen, was das Kindl* <u>mitmachen</u> *und leiden musste, bevor es zu ende ging mit ihm.*
In München – in einer Backwarenfiliale fiel mir eine junge Frau auf, die meiner *Großmutter Anna* sehr ähnlich schien. Die „echten" *blonden* Haare, die *große blauen strahlenden Augen* – die stattliche Gestalt, verheiratet zwei Kinder – sehr kinderlieb. Von frühren Leben wollte sie nichts wissen. *Es regte sie furchtbar auf.*
In mir war da plötzlich das Empfinden; es könnte eine *neue Verkörperung* der *Geistes-Seele* von Großmutters *kleiner Schwester* sein. Ich erfuhr später, sie hat es sehr mit der *Schilddrüse – was der Seele wohl von der „einstigen" Tollwut geblieben sein könnte.* Das sind so Empfindungen, die in einem *Medium* aufsteigen können – man weiß nicht warum. – Ich habe ihr nichts gesagt!

***

Alle drei Geschwister waren groß – schlank – *strategisch* im Verhalten, immer für einen *guten Spruch* zu haben. Jovial – spöttisch – beseelt vom Geist – weniger von der Arbeit, obwohl Großmutter sehr schwer arbeiten konnte, *war sie zur Führung eines Haushalts unfähig* – sie wusste wie es geht und machen durften es die anderen – <u>es lag ihr nicht.</u>

Der Urgroßvater *Josef* – der „Herr Baron" war wohl meist ziemlich *ungnädig* und *sarkastisch* gestimmt. Auf diese Anrede soll er oftmals geäußert haben; *hat sich was mit Herr Baron und „Herr von" – „von Habenichts" ist wohl die bessere Anrede.*

***

Die *Urgroßmutter* hat auch die Kinder von ihrer Tochter *Anna* erzogen – die *Anni* und den *Karli*.
Großmutter musste arbeiten gehen – sie ging in die <u>Weberei.</u>
– Zuvor war sie *Kinderfräulein* bei einer *Fleischerfamilie* – die ihren Kindern sehr wenig Fleisch zu essen gab – der Fleischer vertrat die Ansicht; *zuviel Fleisch macht dumm.* –
Großmutter wurde *Baumwollweberin*, dass machte sie weiterhin bis zum Rentenalter, auch nach ihrer *2. Eheschließung.*
Ihr 2. Mann war älter – ca. 20 Jahre und führte den Haushalt – wochentags.
Er war mit *seiner Baufirma* nach dem 1. Weltkrieg in *Konkurs* gegangen! Sein Sohn *Gustl,* heiratete die *Anni – was meiner Großmutter gar nicht recht war* – er war ebenfalls Baumeister.
Großmutter ging gern arbeiten – sie liebte es sich stets elegant zu kleiden. Ich kenne meine *Großmutter* <u>von uns Zuhause</u> nur „in vornehmen Schwarz" aus <u>gutem Tuch</u> und mit großem Hut. Sie war eine *ausdruckstarke* Frau.
Unsere ganzen Familien-Mitglieder lebten mehr oder weniger von den großen *böhmischen* Webereien und Tuchfabriken – deshalb

war <u>beste</u> <u>Qualität</u> für uns <u>nicht</u> teuer – es gab damals schon *Personal-Rabatt* und *Restposten*!
Das langjährige fest angestellte Personal – Arbeiter etc., bekam preisgünstige Firmen-Kredite.

Die *Anni* machte ihrer Mutter die Wäsche mit, als sie verheiratet war und später nicht mehr arbeiten ging.
Nach ihrer Verheiratung arbeitete sie als *Seidenweberin* – die ihr eine Kehlkopf TBC einbrachte.
Unsere Familien TBC – der *Vater* starb an Lungen TBC, die *Tochter* wurde geheilt!
Zuvor war *Tante Anni Stubenmädel* bei *Dr. Pilz* – ein sehr vornehmer Haushalt, den *sie* in ihre <u>eigene</u> Familie <u>einbrachte</u>.
Sonntags kochte *Tante Anni* <u>mit</u> für *ihre Mutter* nebst Mann – *denn ein Sonntag ist ein Sonntag,* sagte Großmutter, *da geht man in die Kirche und spazieren und am Abend in die Wirtschaft. Dafür arbeitet man ja die ganze Woche, damit man sich was gönnen kann. Sie* liebte Musik und Tanz. *Großmutter waren ein „Herrenweib"*!

***

Tante Anni war das „Arbeits-Tier" in der Familie – das hatte *Großmutter* <u>aus ihr gemacht,</u> was sie nach ihrem Tode *von Drüben* sehr <u>bereuend</u> beklagte.
Dadurch, dass die *Anni* – die <u>ihrem Vater</u> so ähnlich war – wurde sie *damals,* wenn auch sicher unbewusst – zum „Prügelknaben" für ihre *enttäuschte* Mutter und sie musste das <u>ausbaden,</u> was der Vater verursachte, <u>durch Krankheit und seinen Tod.</u>

Jetzt – <u>in ihrem nächsten Leben</u> sind Großmutter und ihre Tochter – *Bruder und Schwester – sie der Bruder* und die damalige Tochter – <u>die kleine Schwester</u> *Nina.*
Sie verstehen sich gut! Er zeigt viel Verständnis für sie.

Die <u>Geistes-Seele weiß es – unbewusst,</u> während *er* und die mitt-
lere Schwester *Lisa* – die im Vorleben der Ehemann *Karel* war,
wie noch nachstehend berichtet wird – immer Streit miteinander
bekommen, wo *er* sie auch gelegentlich schlägt – da ist die Seele
des *Knaben Sven* – <u>die gewesen Großmutter,</u> doch noch sehr verärgert, weil der *geliebte Mann* vom <u>Vorleben</u> sich einfach durch
seinen Tod *aus der Verantwortung* gezogen hat und die *einstige
Ehefrau* mit all den Sorgen und Belastungen alleine ließ.

***

Einmal äußerte das *Medium* M.M.; *ihre Großmutter wollte ihnen
ihren Körper wegnehmen.*
Ich fragte zurück; *warum sollte sie so was tun?*
Später konnte ich es mir erklären; *sie wollte körperlich mit ihrem
gewesenen Mann im Irdischen zusammen sein.*

***

DIE TONBANDSTIMMEN

Die *ersten akustischen* Kontakte mit dem *Jenseits* wurden in
Schweden – im Geburtsjahr meiner Tochter *Cornelia* – 1958 über
das Tonband, von dem *russischen* Emigranten *Jürgensen* – in einem abgelegenen Grundstück durch Zufall – aufgezeichnet.
Er wollte eigentlich *seltene* Vogelstimmen aufnehmen – und fand
beim Abhören menschliche Stimmen vor.
Wo kamen *sie* her? – kein Mensch war weit und breit.

Es gibt *bestimmte* Zeiten, wo man durch *bestimmte* Dinge in eine
vorbestimmte Richtung „*gespult*" wird.
Jürgensen forschte weiter und bekam *Hilfe* über eine Art *geistige*
Assistentin – mit Namen *Lena,* die ihn die Kontakte zu den *geistigen* Welten ermöglichte.

Es waren die *Geister* – die die Zeit für *reif* empfanden, dass die
Welten wieder *zusammenfließen* – sich vereinen.

***

1986 ging ich das 1. Mal – mit meinem Freund *Peter* – zu den
„*Tonbandstimmen*". Das Treffen fand in der Bahnhofsgaststätte
München – Feldmoching statt.
Es hatte mich schon lange interessiert. *Peter* begleitete mich!

Die *Tonbandstimmen-Forscherin* war eine Frau von mittlerer
Gestalt– um die 60 Jahre, fest – aber nicht dick.
Ihr Haar sehr dunkel – fast schwarz zu nennen und sie hatten ein
mehr rundes als längliches, ausdrucksvolles Gesicht. Sie war das
– was man einen *südländischen* Typ nennt.

Irgendwie erinnerte sie mich an eine *spanische* Mama – durchsetzungsfähig – voller Güte und sie hatte viel Geduld.
Peter äußerte sich über sie; *Frau P. ist eine sehr interessante Frau.*
Ich dachte; *was findet er an ihr?* Das sollte sich ändern.

Ich – von Natur aus *skeptisch,* saß ihr *vis-a-vis.*
Frau P. hatte ein *neues* Tonband eingelegt und mit den Fragen besprochen, die ihr *vor meinen* Augen auf einen Zettel von *sechs* verschiedenen Personen gegeben wurden, die von *ihren* Verstorbenen *einige* Fragen beantwortet haben wollten.
Als alle Fragen auf das Tonband gesprochen waren, spulte sie es zurück, um die darauf befindlichen Antworten – *in den dafür freigelassenen Tonbandstellen* – abzuhören. Wir konnten alles mithören.
Man hat beim Abhören der Tonbandstimmen die Möglichkeit, das Band *bis* zum *10-fachen* zu verlangsamen, um die Worte besser zu verstehen, da die *Geister* sehr schnell *sprechen.* Sie haben keinen Kehlkopf und formen Laute aus den Umweltgeräuschen.

Eine Frau fragte u. a. nach ihrem Vater – der bei *Stalingrad* gefallen war. Der Vater wollte sich nicht melden.
Plötzlich fing, beim Abspielen der Tonband-Aufnahme ein Männerchor an zu singen:
„Wir sind bei Stalingrad gefallen"!
Man braucht einen gewisse Zeit, sich einzuhören und dann auf einmal der Männerchor – klar und deutlich gesungen, als Antwort *für* den Vater – der sich nicht melden wollte – in der *Bahnhofsgaststätte,* wo man das Klappern von Geschirr hörte, dass war *genial! Ich bin total ausgeflippt!*
Ich hatte der *Tonbandstimmen-Forscherin* – die diese Fragen an die *geistigen* Wesen stellte und die danach darauf befindlichen Tonbandstimmen abhörte – genau auf die Finger gesehen.

Auf der Heimfahrt meinte *Peter*; *sag mal Rosi, wie alt bist du eigentlich – 18 oder?*
und ich sagte; *18 – Peter, 18 Jahre, denn ich weiß – ich bin unsterblich!*

***

6 Wochen nach Peters *irdischem* Tode – im Mai 1987, ging ich das *nächste* Mal zu den *Tonbandstimmen*.
Ich ging ganz *privat* zur Frau *Felizitas* P.
Sie stammte aus der Gegend um *Augsburg* und hatte in einem Ortsteil *Münchens* ein – etwas *abgelegenes* Haus.

Wir nahmen mit der *Geistigen Welt* Kontakt auf und fragten nach *Peter*.
Peter sagte; *ich warte schon.*
Frau P. fragte ihn; *wie war dein Übergang?* – er sagte; *schlimm – jetzt geht es schon besser!*
Danach erkundigte ich mich; *hast du meine Großmutter schon getroffen* und er antwortete;
fand mich hier – als ich schon kam.

IMMER WIEDER PETER

Einmal – ich war wieder *privat* bei *Frau P.*, das tat ich nach *Peters* Tod öfters, sie sprach immer viele gute Worte zu ihm – sagte er bei einer Aufzeichnung; *ich bin es – Peter.*
Darauf meinte sie ganz verwirrt; *es wird doch nicht mein Peter sein, ich musste ihn wegen der Röteln – die ich während der Schwangerschaft bekam – abtreiben.*

Da hätte auch die Wahrscheinlichkeit bestanden, dass er „behindert" gewesen wäre.
Es war so – wie wir in Erfahrung brachten.

Kurze Zeit später – dasselbe Jahr – *inkarnierte* er sich bei *seinen* Eltern.
Ich erzählte *Frau P. Peters Story,* worauf sie meinte; *er wird doch nicht der Friedemann Bach gewesen sein.*
Bach, Friedemann – wer war das?
Wilhelm Friedemann Bach 1710 – 1784, Sohn des Johann Sebastian Bach. Komponist, schrieb Klavier und Kammermusik. –
Die Geistigen bestätigten es.

Wie *Frau P.* darauf gekommen ist? – ich weiß es nicht, aber es scheint zu stimmen.
Die *Tonbandstimmenforscher* bekommen auch viel über *Luftzuspruch,* wie ich von einer anderen *Parapsychologin* später erfuhr.
Mit Musik hatte es *Peter* immer. Er sagte zu mir; *weißt du, Musik muss man fühlen.*

***

Ich ging öfters zur *Frau P.*, in ihre Privat-Wohnung, um *Tonbandstimmen* aufzunehmen, oder auch nur – um selbst Aufgenommenes dort *abhören* zu lassen.
Sie besuchte mich ebenfalls und war verwundert, dass sich in meiner Wohnung so viele *Geister* aufhalten!
Klienten meinten oftmals; *dass meine Wohnung so viel Licht habe – eine gute Strahlung.*

Bei einer Aufzeichnung, die ich zu Hause gemacht hatte, sah ich wie *Frau P.* beim Abhören lächelte, dann fragte sie; *da ist ihnen wohl die Kerze runter gefallen?*
Ich antwortete; *ja – wieso?* Sie ließ es mich hören!
Mein *Onkel Rudi* sagte am Tonband; *pass' auf – ach, ist schon verlöscht!*

Ich hatte tatsächlich eine *weiße* Kerze zur Aufnahme hingestellt
und sie war heruntergefallen. Für mich war es wieder ein Beweis;
es muss <u>wahr</u> sein.

Ich habe die Fähigkeit des Tonbandstimmenhörens *nicht,* ich verstehe sie *wörtlich <u>nur</u>* in der Gemeinschaft, oder in Verbindung
mit *Frau P.* – wenn sie es mir vorsprach und erklärte; *hören Sie –
Frau. Sch, wie schön er spricht?*
Das kann ich *nur* bestätigen, aber ich verstehe es *nicht* alleine und
<u>ohne Verlangsamung gar nicht!</u>
Anderen Teilnehmern ging es eben so, wie ich erfuhr. Es interes-
sierte mich damals sehr.

***

Frau P. ist vor einigen Jahren gestorben.
Sie war eine Dame. Nach unserer Arbeit blieb ich immer noch
eine Weile bei ihr! Sie vertrat die Meinung; *diese Tonbandstimmen muss man erst verarbeiten, da kann man nicht gleich wieder
in den Alltag hinaus.*
Zusätzlich hat sie mich gut bewirtet. Dabei haben wir noch mal
über alles gesprochen.

Ihr Hund *Jockl* war das *perfekte* Medium.
Bevor *Frau P.* mit den Aufzeichnen und Abhören anfing, fiel
Jockl automatisch in einen *tiefen* Schlaf – in dem er fast *melo-
disch* atmete.
Sie sagte; *diese Geräusch benutzen die Geistigen, um Stimmen zu
formen – da sie keinen Kehlkopf haben.*
Jockl starb vor seiner Herrin.

Frau P. hat mir sehr geholfen, in einer Zeit – *als mein Herz
schwer und traurig war.* <u>Ihr sei Dank!</u>
Einige Male klingelte bei ihr das Telefon, aber es war niemand
am anderen Ende der Leitung.

Dann sagte sie; *das sind die Geistigen – sie können telefonieren, aber nicht sprechen.*
Sie wollen uns damit zeigen, dass sie anwesend sind.

Manchmal gelingt es aber doch einen *Geist,* sich am Telefon *wörtlich* vernehmbar zu melden.
Dann z.B., wenn jemand das Telefon *anwählt,* da kann so ein *Geist* in das *Knattern* der *Wählscheibe etwas* in *Worte* fassen – *dazwischen* sagen.
Wie es zu *Peters Lebzeiten* auf *seinen* Anrufbeantworter geschehen war.

U. a. wurde 1917 in *Brasilien* folgende Aufzeichnung, einer *Geister-Aussage* festgehalten:
„Es gibt keine Verstorbenen und keine Lebenden – es gibt kein wo – es gibt nur ein Sein in mehreren Aggregatzuständen – Energiezuständen. - Wir sind Energie"!

Das *Medium* M.M. ihrerseits - *warnte* mich vor den *Tonbandstimmen,* weil sich dadurch *negative* Geister *einschleichen* könnten.

***

Es war wohl Weihnachten 2006 – am 24.12.06, *Peters* Geburtstag – gegen 24.00 Uhr.
Ich war verärgert zu Bett gegangen, da wurde ich von lautstarker Musik geweckt, so laut wie ich *nie* Musik höre. Mein Radio hatte sich *selbständig* eingeschalten, obwohl ich meist CD oder Band eingestellt habe.
Es wurde das *Bach Oratorium* übertragen. Da bin ich hochgefahren! Ich höre nur leise Musik und dann dass.

***

DIE SEANCE

Es war im Sommer 1987 – nach *Peters* Tod.
Mit *Peter* war ich auch einmal beim Astrologen *Leo*. *Peter* nör-
gelte immer so vor sich hin und war nie zufrieden zustellen.
Leo sagte damals u. a. zu ihm; S*ie sollten sich nicht so in den
Vordergrund drängen – da wo diese Frau (ich) sich befindet, da
müssen sie erst mal hinkommen, dazu brauchen sie noch einige
Leben.*

Leo und ich telefonierten wieder einmal – was wir damals öfter
taten und er sagte zu mir; *weißt du – zieh dir was Hübsches an,
wir bringen den Peter ins Licht, der hängt immer noch hier unten
rum.*
Er lud noch einige *seiner* Klienten ein und wir machten eine *Seance*.
Wir beteten, er sang! Es war schön und ergreifend.
Dann plötzlich hatte ich das Empfinden, dass sich *Peter* auf meine *rechte* Schulter senkte und *linker* Hand meine *Großmutter* zugegen war.

Ich hatte das Gefühl, *sie würden mich körperlich völlig nieder-
drücken,* aber dann erhoben sie sich beide gleichzeitig und schienen nach oben zu schweben. Ich fühlte mich frei. Es war ein ei-
genartiges Erlebnis.

Nach der Seance sagte ich: „*Leo – weißt du, ich habe geglaubt –
ich halte das nicht mehr lange aus.* "
Er antwortete; *ich habe es bemerkt und mich mit dem Ritual be-
eilt*!

***

DIE KLINIK AM STYX

Ich habe *Peter* viele Male „*Drüben*" besucht.
Wir sind einige Male in einer *sandigen* Landschaft *ohne* Blumen
– oder *ohne* Sonne gewesen.
Ich war auch bei ihm am Fluss *Styx,* wo sich das *Lazarett* für die
Unfall-Gestorbenen befindet, die erst genesen müssen. Dort gibt
es diese eigenartig *blaue* Sonne.

Eines Tages kam eine Klientin zu mir und sagte; *Frau, ich weiß –
ich habe sie in diesem Leben noch nie gesehen, trotzdem kenne
ich sie – so wahr sie vor mir sitzen.*
Wir sprachen über ihren Mann, sein Herzversagen beim *Auto-
Unfall* in der Wüste, das *sie* bei *ihm* geblieben ist und ihren Jun-
gen mit den fremden Helfern allein weggeschickt hat.
Sie hat ihren Mann auch im *Geistigen besucht.*
Ich erzählte auch vom *Peter* und dem *Krankenhaus am Fluss
Styx.*
Das kannte auch sie und da haben wir wohl zusammen gesessen,
dort – im Astralen Bereich müssen wir uns begegnet sein – im
Sanatorium für die *Unfall-Getöteten.*

War Peters Tod ein Unfall und <u>kein</u> Selbstmord?

Ich frage mich seit Jahren wiederholt; *hat sich Peter nun voll bewusst erschossen, weil er es* <u>*wirklich*</u> *wollte, oder war es doch ein
Unfalltod – er wieder mal mit der Pistole seines Vaters das
Schicksal herausforderte, nach dem Motto; ich bin göttlicher Natur und eine Kugel kann mir nichts anhaben, sie fliegt durch mich
durch, ohne mich zu verletzen?*

Hatte er wieder einmal mit der Pistole seines Vaters *russisches Roulette* gespielt und sich dabei getötet, in seinem Wahn – *ohne es wirklich zu wollen?*
Andererseits war es *Peter zu Lebzeiten* voll bewusst, das er *nie* wieder *der* sein wird – der er *zuvor* war.
Hat er die für ihn so *erniedrigende* Rolle einfach beendet? Empfand er *sie* als zu *demütigend?*
Oder wollte er *seiner* Familie nur einen Schrecken einjagen, weil sie ihn bevormundete und die Telefonate von mir <u>nicht</u> mehr zu ihm durchstellte? – wie dem auch sei; *er hat es irdisch nicht überlebt.*
Ich werde die Frage *nie* irdisch beantwortet bekommen, aber *einiges* deutet auch daraufhin.
Ich frage; *wer hat das Recht, ihn die letzte Freiheit zu nehmen – zu wählen, was er für sich als das günstigere empfand?!*

Dann frage ich mich noch; *warum hat der Vater seine Pistole nicht so verschlossen, dass sie für Peter nicht erreichbar war – wo er doch wusste dass Peter süchtig danach ist? – Ich zweifle!* Das *Geburt-Horoskop* meiner 1. Enkelin – die Nachinkarnation *seines geistigen Seins* – lässt auf einen *Unfalltod* im *vorangegangenen* Leben schließen!

***

DAS SPUKHAUS IN MÜNCHEN

Am Anfang nach *Peters* Tod – fühlte ich jeden Abend, dass er kam und ich freute mich darauf.

Ich fing an – das Radio beim Einschlafen leise laufen zulassen und er weckte mich, wenn ein Lied oder eine Bemerkung kam; *die er mir sagen wollte.*

Seit ich meine *eigenen* Ziele – *ohne* ihn habe, ist er nicht gerade der *gute*, sondern eher ein *lästiger* Gesell, der alles – was mich vorwärts bringt – hintertreibt, weil ich mich *nicht* an *seinen* Tod gebunden fühle.

Warum sollte ich auch? Was dann geschah, war die *absolute* Folter!

Das konnte aber nur in *dieser* Form geschehen, da bei *Selbstmördern* und auch *Unfall-Toten,* sich durch den *plötzlichen* Tod die *Vitalis* nicht *gänzlich* vom *Astral-Körper* gelöst hat. Dadurch kommt es zu einer *engeren irdischen* Bindung zum Erdenplan.

Sowie ich nur an einen *anderen* Mann dachte, ging der *Spuk* in meiner Wohnung los.

Es knackte überall, in den Schränken – hinter den Bildern, *in allem* – was von *ihm* noch da war. Ich wurde regelrecht *schikaniert.*

Jedes Mal, wenn ich dachte; *jetzt kann ich endlich einschlafen* – krachte es so laut, dass ich wieder hochfuhr. Manche Nacht kam ich überhaupt nicht zum Schlafen.

Ich sprach mit der Tonbandstimmen-Forscherin darüber und diese meinte; *Sie können nicht mit einem Geist und einem Menschen leben wollen. Wenn sie mit einem Geist leben, ist das genauso, als lebten sie mit einem Menschen – er ist ein unverkörperter Mensch*

Daraufhin versuchte ich *diese* Beziehung *ganz* abzubrechen, denn ich wollte nicht für den *Rest* meines *Lebens* mit einem *Verstorbenen* leben, weil *er* sich *nicht irdisch* tot *fühlt* und mich meines Lebens *entmachtete*.
Nach ca. 1 ½ Jahren ging ich *nicht* mehr zu den Tonbandstimmen, ich wollte die Trauer *in mir* und *um mich* beenden und wieder *ganz normal* zu leben! Da wurde alles noch gravierender.

Ich habe alle Bilder, alle Tonbänder *mit* und *über* ihn vernichtet, alle Möbel – bis auf einen Schrank – ausgetauscht.
Es ist ja nicht so, dass man *seine* Verstorbenen vergisst, *muss man deshalb* auf das eigene *irdische* Leben weiterhin verzichten? Das wäre ja wie bei der *Witwen-Verbrennung in Indien.*
Oftmals war es für mich sehr schwer diese Wohnung zu verlassen, ich wurde wie von einer *unsichtbaren* Macht darinnen festgehalten.

Ein *astrologischer* Kartenleger, den ich eines Tages aufsuchte, belehrte mich; *betrachten sie* " *Saturn* " *als ihren Freund – es wird immer wieder Hindernisse und Verzögerungen geben, ihr verstorbener Freund wünscht sich nichts sehnlicher, als dass sie irgendwann vor Verzweiflung aus dem Fensterspringen. Tragen sie es mit Gelassenheit!*

***

Wir hatten richtige „*Ehe-Kriege*", er reizte mich bis aufs Blut. Ich war dann auch so wütend, dass ich ab und zu etwas hinknallte – zerschlug, weil ich immer wieder meinte; *ist es denn nicht möglich, in dieser „Bude" normal als normaler Mensch zu leben!?*
Bevor ich es hindonnerte verhielt *er* sich wie jeder *irdische* Mann – begütigend. Da war es für mein Temperament schon zu spät – es krachte, obwohl das *nie* mit einem *meiner irdischen* Partner

mein Verhalten war, weil ich meine; *warum soll ich mir etwas
zerstören, was ich mir hinterher wieder ersetzen muss.*
Mit *Peter* war *nicht* eher Ruhe, bis der Knall *da* war. Dann ging
er! *Lärm können die Geister schlecht vertragen!*

Dazu kam noch die *plötzliche* Kälte, wenn ich abends beim Fern-
sehen saß.
Ich saß bei *aufgedrehter* Heizung – in Decken eingehüllt – trotzdem fror ich.
Vom Kopf liefen mir über das Gesicht die *Kälteschauer* und immer wieder diese *Stiche* in die Kopfhaut, manchmal heute noch.
Sie sind sehr tief – sehr *schmerzhaft* und heilen schlecht. *Ich bin
ständig am Erdulden!*
Ich kann da nur von einer *Geister-Plage* ausgehen – in Form eines *quengelnden* <u>ungezogenen</u> Kindes, dass sich selbst und seine
Belange immer wieder in den Vordergrund zu bringen weiß –
egal, was der *andere* dadurch für *zusätzlichen* Ärger oder Behinderungen erdulden muss; *uneinsichtig – anmaßend und dumm.*
Angst und *Panikmacherei verursacht kein guter* Geist, dass ist das
Metier von *Fopp-* und *Popgeister* übelster Sorte. Vom Geistigen
wird *nichts* mit Gewalt zerstört – nur *das*, was sich erübrigt.

Eine zeitlang hatte ich überall irgendwelche *krabbelnden* Tiere.
Erst waren die *Ameisen* auf meinem Balkon, später hatte ich die
Motten-Plage in den Lebensmitteln. Ich musste alles vernichten –
die Schränke austauschen.
In den Blumen *entsetzliche* Tiere – wie ich sie noch *nie* gesehen
hatte.
Auf den Blättern *seiner* großen Grün-Pflanzen – in *meinem* Fen-
ster – hatten sich eine zeitlang früh morgens Tautropfen gebildet.
Das Medium M.M. sagte; *es sind seine Tränen, dass darf er tun.*
Meine *liebsten* Blumen gehen *automatisch* ein – bis heute.
Das *Medium* M.M. sagte; *er hat da – wo er ist – keine Blumen,
deshalb holt er sie sich.*

***

1987 – bei meiner ersten eigenen Tonbandstimmenaufnahme, bat ich um einen *Berater* für meine *geistigen astrologischen* Interpretationen. Man sagte mir; *das macht Gerhard!*
Peter wollte eigentlich die Berater-Tätigkeit – die *Gerhard* für mich macht – übernehmen. Er hat jedoch *nicht* die *geistige* Qualifikation – nicht den *gebührenden* Abstand zur Sache. Er reagiert bis *heute irdisch emotional,* obwohl er einst – in *vorangegangenen* Leben – ein *höherer* Geist und *höchster* Eingeweihter war.
Ich *informierte* mich diesbezüglich 1988 bei meinem *geistigen* Berater.
Die *Tonbandstimmenforscherin* hörte das Band mit der Antwort ab, worauf *dieser* mich wissen ließ; *„du kannst nicht Tonbandstimmen lernen, du musst dir einig werden, was du willst".*
Peter verärgerte das und so stellt er – hinter mir sich befindend, ständig irgendwie *körperlich* fühlbar – seit Jahren auch *akustisch von mir wahrnehmbar,* eine Situation der *höchsten* Anspannung dar, wodurch ich nach und nach meine Tätigkeit als *Astrologin* mehr und mehr eingeschränkt habe.

2 Jahren nach *Peters* Tod *aktivierte* sich mein *rechtes* Ohr.
Es war durch einen Unfall beschädigt worden, dadurch war ich plötzlich in der Lage, die *höchsten* Töne ganz *irdisch normal* zu hören.
Tonbandstimmen ohne Tonband – das ist abnormal, aber – wie ich schon 1982 schrieb;
Die Fähigkeit in die geistigen Welten vorzustoßen, geht immer über die große seelische oder körperliche Wunde!
Das Ohr tut mir weh, denn es sind ja *keine* Laute in dem Sinn. Es sind kleine *elektrische* Impulse, mit denen er Worte *simuliert.*
Das reizt die *Nervenzellen* – besonders, wenn ich mich *wehre,* es über mich ergehen lassen zu müssen und *er* zu „schreien" anfängt Manchmal empfinde ich es auch wie kleine Nadelstiche.

Es ist *kein* Dauergeräusch – ich höre genau die einzelnen Wortsilben, aber *keine Worte* – für mich sind *es* nur *rhythmische* Geräusche. *Er* versucht es immer wieder.
Ich wurde fasst jede Nacht bis zu 3x durch ihn und seine geräuschvollen Mitteilungen, *die ich nicht verstehe* – in meinem *rechtes* Ohr geweckt, worauf ständige Streitereien folgten.

Was mich am meisten stört – ist, dass er mir ständig in *meine* Arbeit „redete", wenn ich *Horoskope* ausarbeite, weil er meint – *er weiß es besser!*
Er ist beim Schreiben hinter mir – meldete *jeden* Fehler, wenn ich mich verschrieb, bis er es doch *endlich* mal begriffen hat, dass ich einfach drauflos schreibe, dann die Seite durchlese und die Rechtschreibfehler verbessere.
Ich sage ihn immer wieder; *er soll jetzt endlich gehen,* ich möchte wieder ganz *normal* als Mensch mit Menschen leben, aber bis <u>jetzt</u> hatte ich da kein Glück.

Das *Medium* M.M erklärte mir;
Peter war in einer meiner vorangegangenen Inkarnationen mein Hexen-Partner und daher meint er wohl – er hat das Recht, mit mir zu leben und zu arbeiten.
Frau M. erteilte mir den Rat: *„Geben Sie ihm eine Aufgabe, dann stört er vielleicht weniger".*
Ich sagte; *Frau M., dass mache ich nicht, dann geht er ja nie. Es war seine Entscheidung die irdische Welt zu verlassen – nicht meine. Warum muss ich darunter leiden? Ich wehre mich so gut ich kann.*
Das *Medium* M.M. informierte mich weiterhin;
zwischen dem Geist Peter und mir besteht eine Hass-Liebe aus frühren Inkarnationen.

***

Später, als die Situation sich verändert hatte, begann die *Luft* am Tage zu *flimmern* – wenn Peter „*angeflattert*" kam – als ob man *Frischefolie* in der *Luft* bewegt.

Das *Licht* formte sich zu einem *Kegel,* der die Farbe *mattgelb* hatte und dann war *er* irgendwie da, aber für mich nicht mehr sichtbar, nur die Kraft seiner Ausstrahlung – *war*!

Abends, wenn ich mich zum FS setze, fühle ich es schon – er kommt. Eine *bewegliche* menschliche *Vision,* die sich milchiggrau/weiß rechts hinter mir zu verdichten scheint und so sieht er – selbst *unsichtbar* – das Abendprogramm.

Seine besonderen Interessen sind – wie zu Lebzeiten – *Tennis* und *Fußball.* Ich vernehme *intuitiv* seine Bemerkungen, was er gut findet – seine Meinung, wenn er *eindringlich* wird, wie er es sieht – von seiner Seite, wenn es um die Einstellung zu einer Mannschaft – einem Spiel geht.

Politik interessiert ihn weniger. Mode nach wie vor – er wollte ja *Dressman* werden.

Dann macht er mich aufmerksam, wie die Damen ihre Figur *kaschieren* – was mich furchtbar aufregt, weil ich erst durch sein *ständiges* Dasein *automatisch* zum „*Abendfresser*" wurde, wie *er* das zu *Lebzeiten* getan hatte, die andere Variante Gewicht zuzulegen.

Er hat auch immer gute Vorschläge, was *modische* Aspekte betrifft – auch *einrichtungsgemäß.*

Was dazu führte, dass meine Wohnung voll als „*Peter- B.- Gedächtnishalle*" vermarktet werden kann. Das fiel was mir erst Jahre später auf. So fühlt er sich hier – bei mir *wohl* und *voll* zu Hause.

Wenn ich sehr in der Arbeit vertieft war, wurde ich darauf aufmerksam gemacht, dass es Zeit zum Essen ist. Er passte auch auf, dass das Essen *nicht anbrennt.* Es kam irgendein Signal und ich wusste sofort Bescheid, um was es sich handelt. Er „meldet" u. a.; *gleich* wird das Telefon klingeln. Jetzt tut er es nicht mehr. Gehe ich ins Bett, kommt meist auch seine *Hülle angeflattert!*

PETER „STEUERT" DEN BUS

Eines Tages war ich mit einer Reisegesellschaft an die Nordsee unterwegs, da hatte ich – *mit ihm* – folgendes Erlebnis.
Wir waren mit dem Bus bereits auf der Rückfahrt. Der Fahrer – der *allein* die ganze Nacht durchgefahren war – war völlig übermüdet und total erschöpft. Wir waren fasst zu Hause – die Mitreisenden wurden bei ihren Wohnorten „raus gelassen" – da kam es fast zu einem Unfall.
Ich saß am Fenster links und fühlte auch *Peter* links neben mir, sonst befindet er sich immer an meiner rechten Seite. Peter war zu Lebzeiten ein sehr guter Autofahrer und ich sagte zu ihm:
„Peter, der Fahrer kann nicht mehr, bitte sei so gut – fahr du".
Kurze Zeit später sah ich, wie sich im Morgengrau die mir *bekannte milchige* Hülle von oben über den Fahrer schob. Der Fahrer legte einen *neuen* Gang ein – *kräftig – gelassen*, die Mitreisenden – die schon ängstlich geworden waren – atmeten hörbar auf: *„er hat sich gefangen, da ist alles gut"*.
Nur ich wusste; *es ist Peter* – der fährt und ich schlief ruhig, bis wir in München waren.

***

Es gab auch Zeiten, wo wir – meine Tochter *Simone* und ich, von *„ihm"* vorzeitig informiert wurden, wenn wir mit dem Auto unterwegs waren – wann mit einem *Stau* zu rechnen ist.

Er sorgte immer für einen *guten* Parkplatz und er half ihr beim Fahren, wenn sie sehr erschöpft war.

***

GEFANGEN AM ERDENPLAN

Nach *Peters Freitod ist* er eine arme *irrende* Seele, die das Licht *nicht* finden konnte – nicht *sein Höheres Selbst.*
Er sieht *meine Aura als das Licht,* nach dem er strebt – sagten die *Medien.*
Da er nicht wusste, wohin er sollte, ist er mir zur *dauernden Plage* geworden.

Meine Tochter *Simone* war sehr betroffen von *Peters* Tod.
Einmal – Jahre später äußerte sie grüblerisch; *da zieht man nun so ein Kind groß, dann ist es gerade mal 30 Jahre und das ist alles gewesen. Da möchte man doch gar keine Kinder in die Welt setzen.*
In ihrem *Unterbewusstsein* hatte sie den *frühen* Tod ihres *damaligen* Sohnes – *Kronprinz Rudolph, aus ihrer Sisi* -Inkarnation noch nicht verarbeitet.

Es ist anzunehmen, dass die beiden <u>Schwangerschafts-Abgänge</u> meiner Tochter *Simone* – die wir unbedingt verhindern wollten – *Peter* waren, der sich durch den *großen* Schmerz – der für die *Seele* des *Kindes* dabei zu überstehen ist – *u. a. freikaufte* – für ein *besseres* Leben.

Ich – *stets voller* Aktivitäten – befinde mich seit viele Jahre *unter* dem „*Nebel*" eines *Selbstmördergeistes,* der *meine* Aura als *das* Licht ansieht und sich *seine* Kraft zum *Weiterleben* daraus holt – *mich* in meinen Aktivitäten einengt. Wie ich mich fühle, danach fragt keiner!
Was habe ich wegen *diesem – mich umklammernden Wesen* alles erleiden und erdulden müssen, das ist keine Liebe, das ist nur *benutzende Wut,* alles was mich freut – *zerstören zu wollen.*

Diese *egoistische Seele* will es überhaupt nicht einsehen, dass sie sich *von mir erheben muss*, damit ich mich wieder dahin begeben kann, wo sich *mein Herz – mein Sein* wohl fühlen, unter *meinesgleichen,* unter Menschen die *strahlen.*

Alles ging gut, solange ich *nicht astrologisch* arbeitete – so lange ich *nicht* irgendwie an die *Öffentlichkeit* strebte – *ist das der Fall,* konnte ich mich vor *Hindernissen* nicht retten.
Das *ewige* hier *Rumgehänge dieses Verstorbenen* und mir in die Ohren „*Getöne*" machte mich fertig.
Er schrie zeitweise ganz fürchterlich, was mich bei der Arbeit total *irritierte.*
Deshalb arbeitete ich als *Astrologin* nur noch sehr wenig, denn *alles* Irdische schien *unter seine* Kontrolle geraten zu sein. In mir lebte die *Angst – Angst* vor dem *Ungewissen.*

Wegen dieses *egoistischen Astralwesen* musste ich meine *letzen schönsten* Jahre – *meiner aktivsten* Zeit – in einer Gegend verbringen, die ich als absolut *belastend,* um nicht zu sagen – *erdrückend,* empfinde.
In einer *höher schwingenden Gegend* – als dieser, hätte er mich nicht so unterdrücken und *seinen Nutzen* aus mir ziehen können, deshalb wurde alles, aber auch alles – was mich hier wegbringen könnte – bis jetzt, durch ihn – behindert.
Man kann mit keinem Verstorbenen in Partnerschaft leben – wie er das wollte.
Für den Lebenden fehlt jeder *irdische* Aspekt der *Partnerschaft* und außerdem *stört* der Verstorbene aus *Eifersucht,* jeden *irdischen weiteren* Kontakt des *lebenden* Menschen.
Für mich kommt diese Art in keiner Form infrage.
Ich hatte lediglich einen *Informations-Austausch* angestrebt, *der aber in dieser Form nicht möglich war.*
Er *störte* aus *Eifersucht* und *Niedertracht* alles – was mir *irdisch zusteht* und zu was er *unfähig* war, es zu seinen Lebzeiten *für sich zu erforschen.*

WEITERE INKARNATIONEN MIT PETER

Beim Aura-Reading am <u>9.7.1999</u> – erfuhr ich u. a. folgendes;
In einem vorangegangenen Leben war Peter mein Vater!
Auf der einen Ebene war da diese Liebe – die ich für ihn emp-
fand und auf der anderen war da die Deformierung – der
Schönheit dieser Liebe.
Schon als ich in der damaligen Verkörperung geboren wurde,
hat er sich vollkommen nur auf mich konzentriert!
Meine Mutter – seine Frau, starb wohl bald – auch aus Gram,
was ihn sowieso lieber gewesen ist, da es mit dieser Ehe nicht
zum Besten stand – keine gemeinsame Ebene möglich war.
Wir – Vater und Tochter – lebten wohlhabend, alleine.
Als sich die ersten Männer um mich bewarben – es waren
drei insgesamt – sind sie immer unter irgendwelchen unvor-
sehbaren Umständen verschwunden und katastrophal ums
Leben gekommen.
Er hat sie alle auf die grauenvollste Weise umgebracht, weil
er mich nicht verlieren wollte!
Irgendwie habe ich das wohl heraus bekommen, aber dazu
geschwiegen.
Eine Heirat wäre in jedem Fall eine Möglichkeit gewesen, aus
dieser engen Vater/Tochter-Beziehung auszubrechen, wozu
ich als Frau alleine – in der damaligen Zeit – nicht die Kraft
in mir hatte.
Da ich schon in jeden Leben über starke magische Kräfte ver-
fügte, soll ich ihn verflucht haben;
erst wenn er es schafft, mich mit anderen zu teilen und er aus
seinem Besitzen-Wollen herausgeht, wenn ich lieben kann –
wen ich will, werde ich diesen Fluch aufheben.

Ich habe die Seelen – der von ihm ermordeten Freier – an ihn
gebunden und seither haben sie ihn in jeder Inkarnation be-
gleitet.
Nach dem der 3. Freier zu Tode gekommen war und ich nicht
wollte, dass noch jemand wegen mir zuschaden kam, habe ich
damals beschlossen, in ein Hospiz für unverheiratete Mädchen zu gehen.
Der Vater hat mir das Geld für die Mitgift verweigert – die
dort eingebracht werden musste. Ich musste weiterhin bei
ihm bleiben, bis er verstarb.
Zu dieser Zeit hatte ich dann das Eintritts-Alter überschritten
und wurde nicht mehr aufgenommen.
Ich durfte wohl im Hospiz sein, war aber den anderen nicht
gleichgestellt, sondern wurde diesen zur Bedienung zugeteilt.
Trotzdem habe ich diese Möglichkeit ergriffen, um nicht allein sein zu müssen.

***

Ich hatte schon all die *vergangenen* Jahre das Empfinden, dass
Peter *nicht* immer *alleine* kam, sondern mit irgendwelchen *Selbst-
mörder-Freunden* – wie ich sie nannte, die mir *mein* Leben noch
zusätzlich *schwer* zu machen schienen.
Wie es sich jedoch herausstellte – waren es diese „*3 Seelen*", die
ich damals „*an ihn*" *gebunden* habe und von denen er sich *nicht
befreien* konnte.

Wir haben diesen – *meinen* Fluch aufgelöst, aus der Zeit, *als Peter mein Vater war* – die *drei* Einzelseelen *auseinander genommen* und die *Seelenfamilien der 3 Seelen* gebeten, *sie* abzuholen.

Ein *Heil-Ton* für *Peter*, damit er weiterkommt und auch die *Rück-
Kopplung* mit meiner Mutter *aufhört*.
Das Thema; *Jeder hat einen Schmerz – keiner darf glücklich wer-
den, muss aufgehoben werden.*

88

Die *Aura-Leserin* erklärte;
*durch diesen Ton – den wir jetzt gemacht haben, ist viel negatives
altes Karma vom Peter abgegangen.*
*Es war, als ob bei diesem Ton, aus dem linken oberen Teil seines
Herzens – des Geistes- und Energie-Körper ein Mikro-Chips heraus fiel, der dort eingepflanzt gewesen ist – der mit der Ebene;*
<u>sich immer umzubringen, die eigenen Empfindungen nicht aus-
halten können und auch nicht zum Ausdruck bringen zu können –
„sich tot fühlen" – verbunden war.</u>
*Da er diese Energie wieder benutzen kann, ist es für ihn eine wei-
tere Chance – jetzt ganz zu gehen.*

**Immer – bevor er in seine Gefühle gekommen ist, ist bei ihm
ein Selbstzerstörungs-Programm, über diesem Mikro-Chip,
den er von den <u>plejadischen Reptilien</u> – einer außerirdischen
Rasse – eingepflanzt bekommen hatte, gelaufen.**

*Die Herkunft des Implantates ist bei ihm eine andere, als bei mir
– aus einer anderen Raum/Zeit.*
*Beide „Implantate", das – was ich von den <u>Drakos</u> bekommen
habe –* in REMEMBER III beschrieben – *und das vom Peter, das
er von den <u>Plejaden</u> erhalten hatte – beide haben sich gegenseitig
ergänzt, es waren zwei Implantate der Machtausführung!*
*Der 6/7. Juli1999 war eine gute Zeit, um solche alten magischen
Implantate auflösen –* meinte die *Aura-Leserin.*
*Ich konnte mich auch in diesem Leben nicht für Peter entscheiden
– da war wieder die Arbeit wichtiger, weil ich das Geld brauchte
– deshalb sollte er wieder gehen.*
*Somit ist die alte Verletzung bei ihm aufgebrochen, weil bei mir
alles andere wichtiger war – als er!*

Auch – wenn ich *nicht* hätte arbeiten müssen, wäre es unter *diesen* Voraussetzungen für mich *nicht* möglich gewesen.
Nach seinem Urknall war er kein Mann mehr – für eine *gleich-
wertige* Partnerschaftsbeziehung.

Ich war die *alles verstehende* Therapeutin, die sich um seine Bedürfnisse zu kümmern hatte – rund um die Uhr!

***

Ein anderes Leben hatte *etwas mit den geheimen Logen zu tun, das ich mich in diesem Leben* <u>nicht</u> *für Peter entscheiden konnte.*

Diese Erfahrung stammte aus einer Zeit, wo er und ich – Brüder waren. Peter war der ältere von uns beiden und in einer sehr angesehenen Loge.
Als Kinder haben wir uns gut verstanden, aber mit fortschreitendem Alter – ich war charismatischer als er und habe wohl auch besser ausgesehen und so kam es, dass er in Verbindung mit mir – häufig übersehen wurde. Seine ursprüngliche Verletzung ist es – <u>übersehen zu werden.</u>

Ich hatte ein ganz anderes Charisma als er, nicht – das ich unbedingt mehr Wissen besaß, sondern er hatte eine ganz andere Energie als ich – die die Menschen nicht gleich erkennen konnten.
Sie mussten sich richtig bemühen, um diese Energie bei ihm in Erfahrung zu bringen.
Auf einer Ebene haben wir uns gut verstanden, auf der anderen Ebene hat es ihm total gewurmt, weil er nicht wusste, was er dagegen tun konnte, das ich im Vordergrund stand.
Peter hatte in der damaligen Inkarnation die absolute Reife und ich habe ihn ein bisschen unterschätzt – meinte die *Aura-Leserin*. Ich habe geglaubt – da wir Brüder waren, dass er alle Möglichkeiten ausschöpfen würde – mich in dieser angesehenen Loge unterzubringen. Er hatte dort eine sehr gute Position und ich erhoffte mir – durch ihn ebenfalls eine bessere Position für mich, wofür er sich aber <u>nicht</u> verwendet hat.
Im Gegenteil – er hat es zu verhindern gewusst, dass ich in diese Loge eintreten durfte und als ich es in Erfahrung brach-

te – was ich von den Emotionen her überhaupt nicht verstehen könnte – war, dass er die Meinung der anderen <u>gegen</u> mich beeinfluss hatte.
Es wäre damals für mich – von der Machtseite her – sehr wichtig gewesen, in dieser Loge zu sein.
Damals habe ich ihn versprochen, dass ich es künftig auch so mit ihm machen werde – mich im entscheidenden Moment, <u>nicht</u> für ihn – die Person, sondern für die Sache zu entscheiden.

Das Potential ist es, in *diesem* Leben zum *Herzen zurückzugelangen*. Ganz viele *Heilungs-Aspekte* stehen in der *nächsten* Zeit an, wo sich die Energien *umkehren*.

Meine Feststellung war es – in diesem Leben;
wie kann ich mich ganz für ihn entscheiden, wenn ich durch ihn überhaupt keinen Vorteil habe.
Ich habe *ihn* ein Jahr *geopfert* – ich habe mein Vorwärtskommen hinten angestellt, weil ich glaubte, er würde wieder gesund. Ich musste wegen ihm, in diese *niedere Gegend* ziehen.
Das war ihm scheinbar nicht genug – **er** musste mich *als Verstorbener* Tag und Nacht *behindern* und all meiner *Zukunfts-Erfolge berauben*. Mit so was kann und will ich <u>nicht</u>! – Niemals!

Wieder eine Tonheilung für *Peter*!
Die *Aura-Leserin* spricht den *Geist – Geistes-Seele* Peter an:
„Lieber Peter wir bitten Dich – auch diese Erlösungs-Energie anzunehmen, wo ursprünglich Verletzungen entstanden sind, die Du im Ätherleib auf diesen Planet mitgebracht hast, benutze sie für Deine Transformation.
Nimm diese Energie in Deinen nächsten Entwicklungs- und Evolutionsschritt mit und lasse bitte zu, dass Deine Umgebung – Deine Sensibilität erkennen kann.
Wir danken Dir für Deine Bereitschaft auf diesen Planet zu inkarnieren und wir geben Dich frei – aus der Polarität“.

***

**Aus jener Zeit – als Peter Inka oder Schamane gewesen ist –
war er noch durch eine ganz dunkle Energie an die Unterwelt
gebunden, dieses Symbol ist in seinem Energiefeld sichtbar
geworden.
Es steht für ihn seelisch nichts mehr an, hier zu inkarnieren.
Dadurch, dass ich meinen Anspruch zurückgenommen habe –
konnte seine <u>sirianische</u> Inkarnation erlöst werden, wo er die
Energie missbraucht hat.
Gleichzeitig ist durch die Rück-Kopplung, die dunkle Energie
– mit der er an den Grund der Unterwelt gebunden war –
freigegeben worden.**

*Er – der Geist – kann auf ganz anderen Sektoren arbeiten, aber
diese alte Unterwelt-Bindung musste noch weg und das ist jetzt
hier irgendwie gegangen,* meinte die *Aura-Leserin.*

Ich habe oft gesagt; **Peter sieht aus, wie Pluto – der Fürst der
Unterwelt. Wunderschön und mystisch, aber auf einer Ebene
gefühlsmäßig unerreichbar!**

Im Gegensatz zu ihm, war ich der *helle rotblonde Engel* – der ihn
<u>erlöst</u>, was ich ja auch irgendwie tue!
Mein Sinn für Schönheit und Liebe wurden als Lustgefühl – Ver-
langen oder Abhängigkeit in dieser Welt verstanden und seither
fühle ich mich für die Zartheit und Intensität meiner Empfindungen bestraft und ich habe gelernt – aus Angst vor Verfolgung und
Bestrafung – diese Gefühle zu verleugnen. –

Ich habe an jenem Tag wieder alles verziehen, aber es blieb dasselbe; *Peter stört und stänkert weiter.*
Die *Aura-Leserin* meinte; *dann lässt man ihn einfach fallen und
begibt sich auf eine höhere Ebene.*

Was ich tue – *wenn das so einfach wäre!* Dazu gehören für mich
neue Umfeldbedingungen – eine Geldfrage.

ELLEN GRASSE –

eine hellsichtige Sensitive – ich lernte sie im Sommer 1999 kennen, sagte damals zu mir:
*„Wissen Sie, dass sich hinter Ihnen ein ca. 2 Meter großer Mann
befindet? Er ist weiß gekleidet und trägt einen goldenen Gürtel. "*

Ich wusste sofort; *das ist Peter –* sagte aber; *es wird mein Schutz-
engel sein!*
Worauf sie erwiderte; *dass glaube ich nicht!* Damit war die Sache erledigt.

Ich kaufte *Ellen Grasses –* 1994 erschienenes Buch *„ Traum, Tod
und Transzendenz "*.
Darinnen erwähnt sie u. a.; „Bei *Selbstmördern* verläuft das *jen-
seitige* Leben anders, als bei *normal* Verstorbenen, da sich bei
ihnen der *Vitalitätskörper nicht vollständig* gelöst hat und sie dadurch noch mehr Bindung zur Erde haben.
Sie bleiben in einen besonderen Zustand – bis zu dem Tag, an
dem sie schicksalsmäßig von der Erde geschieden wären".
Das heißt, sie hängen am Erdenplan fest!

Sie schreibt auch; *dass die Seelen nach ihrem Tode dahin zurück
kehren, wo sie zu Lebzeiten am liebsten verweilten. –*
Das stimmt – ist mir Bestätigung!
Es geht hierbei *um die Erkenntnis,* dass man einen *Selbstmörder
nie* dazu bewegen kann; *zu gehen.*
Er akzeptiert es überhaupt nicht! Er bleibt so lange, wie er meint,
dass er bleiben muss!
Es ist nun mal so, *die irdische Persönlichkeit hat man immer nur
einmal.* Hat man *diese* in den Sand gesetzt hat, bleibt sie das auch

Er – *Peter* ist nicht mehr *irdisch* und es hält *ihm nicht im Licht,
weil er nicht in Frieden gegangen ist.*
Die *Eifersucht* hört im *astralen Bereich* <u>nicht auf!</u> - *Es ist wie im
Irdischen!*
Sie wollen den *hilfreichen* Partner – Freund wieder und weiterhin
für sich haben, ohne zu fragen; *was will dieser?* Sie verfügen einfach über *ihn* mit *ihren* Bedürfnissen. *Das ist die Hölle!*

Die *Selbstmörder* geben *keine* Ruhe und haben *keinen* Frieden,
bis sie ihr Leben über <u>jemand</u> ausgelebt *haben, was ihnen an
ihren eigenen irdischen Jahren durch* <u>ihr Selbstverschulden</u> *verloren gegangen ist, wenn sie alleine gehen.*
Sie stellen fest, *es ist unwiederbringlich vorbei* – für ihre gestörte
– zerstörte Persönlichkeit!

<u>Ein weiteres Leben des *Geistes*</u> – *der Mentalseele bringt keine
Befriedigung* für die <u>verletzte</u> – *verstorbene Persönlichkeit – die
Astral-Seele.* Die *Persönlichkeit endet* mit dem *irdischen* Tode.
Die *verstorbene* Persönlichkeit ist *eifersüchtig* und *missgünstig*
auf die, die sich mühen – gönnt ihnen *ihren* Erfolg nicht, *wenn sie
selbst nichts auf die Reihe gebracht hat.*
Peter vermiest mir seit *seinem* Tode durch seine *Anhänglichkeit,*
mit seiner *Uneinsichtigkeit* und *niederen Existenz* <u>mein</u> *irdisches*
Leben – meine Zukunft – mein Erfolg – mein *persönliches* Glück.
Einsicht war nie sein Ding – er tat nur so!

***

Beim **Aura-Reading am 30.5.01** hatte mir die *Aura-Leserin*
gleich anfangs u. a. erklärt; *bei mir geht es um Vergebung und
darum – Liebes-Frequenzen auszusenden.*
*Der Geist Peter befindet sich noch zu 10% in meinem Bereich
und es sei ganz wichtig, dass er auf allen Ebenen geht und dass
ich ihn nicht mehr benütze.*

*Ich benütze „ihn" noch – sonst hätte er ganz aus seinen eigenen
Antrieb die Stärke gehabt – zu gehen.*
Das war richtig – bis zu <u>dieser</u> Zeit benutzte ich ihn noch.
Ich sage z. B.; *sorge mal dafür, dass mich keiner stört, schicke
diese plärrenden Kinder aus meinem Bereich* – was er tat.
Ich sagte; *wir gehen jetzt einkaufen – sorge dafür, dass ich nicht
warten muss.* Bei uns am Gemüsemarkt wo ich ganz frisch ein-
kaufen konnte, ist immer eine lange Schlange – es klappt meist!
Ich sage; *pass aufs Fleisch auf – gib mir ein Zeichen, wenn ich in
den anderen Räumen bin – damit es nicht anbrennt.* Er tat es meistens – Braten liebt er sehr!
Die *Geister* und *Verstorbnen* lehnen sich fest an die *irdischen*
Körper der Menschen, um so diesen – in *Geistigen nicht* vorhan-
dene *Genüssen* frönen zu können – auch Sex.
*Es ist aber wichtig, dass er jetzt geht – Es geht darum, die Dinge
auf Gefühl-Ebene zu vermitteln – nicht durch die Methodik –*
meinte die Aura-Leserin.
Es geht darum, das die *Geschehnisse jetzt voll und ganz bereinigt
werden – in eine andere Qualität gebracht werden können.*

***

**Um den ganzen Spektakel ein Ende zu setzen, bat ich Melchi-
zedek – den Herrn des Lichts, für Geist Peter ein Inkarnationsgitter zu erstellen, wodurch es der Geistes-Seele möglich
wurde, sich im Irdischen wieder zu inkarnieren – was seinem
Mentalkörper auch gelang.**

Allein – aus sich heraus, wäre es ihn wohl nicht möglich gewesen
Die *Belehrungen* und *Tonheilungen* der *Aura-Leserin* – in den
Jahren <u>1999</u> und <u>2001</u> – haben sicher auch dazu beigetragen, was
aus dem *Geistigen* bestätigt wird.
Wie es sich herausstellt, war *mein* Problem – *was ich mit und
durch „ihn" hatte* – damit <u>nicht</u> behoben.

DIE ANDERE DIMENSION

Mein *kleines* Schlafzimmer hat eine *Kamin-Ecke.* Diese Ecke ist
die Tür zur *anderen* Dimension.
Eines Nachts – vor Jahren – sah ich, wie aus dieser Tür ein ca.
10-jähriger, verschüchterter Junge im weißen Nachthemd trat. Es
war ein dunkelhaariger schöner Knabe – er hatte etwas mit der
linken Hüfte – sie schien steif zu sein. Er humpelte.
Ich sagte zu ihm; *du kannst noch so lange hier bleiben, bis dein
Hüftleiden behoben ist.*

Das *Medium* M..M. informierte mich; *In Spanien haben Sie Peter
als ihren Sohn Emanuele nicht anerkannt!*
Sie berichtete weiter; *er wird als Mädchen wiedergeboren.*

***

Meine Tochter *Simone* wurde nach der Geburt ihres Sohnes, wieder schwanger.
Sie zeigte mir die *Ultra-Schall-Aufnahme* des Kindes und ich
dachte so bei mir; *Peter B. lässt grüßen.* So hatte ich es mir
eigentlich *nicht* gedacht!

Als meine kleine Enkelin im <u>Juni 2002</u> geboren wurde, war ihre
linke Hüfte noch *nicht* ganz ausgereift.
Es ist alles wieder da, die Kopfform – auffallend sind die *großen
ausdrucksvollen* Augen – der *kleine* Mund, die *Beobachtungsga-
be* und der *Mitteilungsdrang mir gegenüber,* die ruhige *dominante*
Ausstrahlung, der ganze *Charme* – und *ein* Mädchen!
Zwei Tage nach ihrer Geburt, sah ich meine *kleine* Enkelin das
erste Mal.

Das Kind versuchte sofort Kontakt mit mir aufzunehmen. Sie sah
mich eigenartig *eindringlich* an und *bewegte* den Mund, um Worte zu formen, aber es ging nicht so – wie sie das wollte.
Ich sagte zu ihr; *ich weiß – du bist wieder da. In diesem – deinen
Leben bin ich deine Großmutter.*

***

Beim Besuch des *Medium L. – im Januar <u>2004</u>,* fragte ich – in
dem ich Bilder vorlegte; *was sagst du – wer ist das?*
Nachdem *Frau L.* die Bilder eingehend betrachtet hatte – lachte
sie und sagte; *das sind dein Großvater Karel, sowie der Peter –
das Kind war beides. Das Kind braucht eine musische Erziehung.*

So hatte ich es *astrologisch* auch erfasst! Mein Großvater *Karel*
hatte *die Musik* von seiner Mutter *Franziska* her im Blut und *Peter* war diesbezüglich auch nicht unbegabt!
Wie ich *Peter* zu verstehen glaube, war *er* auch *Kleopatra* – nach
seiner Dominanz und vom *jeweiligen* Aussehen her ohne weiteres
möglich, auch als mein *Großvater* und jetzt *meine* Enkelin.
Mein *geistiger* Berater ließ mich wissen, *sie* wird die Schönste
von meinen jetzt – drei Enkelkindern. Wahrscheinlich die *aus-
druckstärkste.*

***

98

Der MORGENTRAUM – Die ASTRAL-EBENE

<u>31.12.06</u> *Morgentraum*
Nachdem ich *Peter* gegen 5.00 im Bett wiederholt Vorhaltungen
gemacht hatte, das er mich *nie* nachts in Ruhe lassen kann,
schlief ich wieder ein.
Ich lag *irgendwo* in einer Art *Bett* oder *Badewanne* und *links* an
der Wand.
An *dieser* Wandseite war über die Wanne eine Art fester Schaum-
stoff gespannt. Darauf tropfe von oben in einer Reihe von ca. 10
cm Abständen – Wasser. Dass verursachte Löcher in die Abdek-
kung.

Ich sagte zum *Peter* – der sich *recht* hinter mir befand; *das bist
du, dass die Tropfen das kaputt machen.*
Dann nahm ich wahr, dass ich in einer Art *Krankenzimmer* lag. Es
war ein sehr *heller* Raum – von der Lichtqualität. Trotzdem muss
es ein Kellerraum gewesen sein, denn hinter mir an der Stirnwand
waren oberhalb eine Reihe Fenster – wie man sie in Kellerge-
schossen hat.
Der Raum schien mehr breit als lang. An der mir *gegenüberlie-
gende* Seite befand sich ein *weißer* Abstellschrank. An der Seite
gegenüber von der *Fensterreihe* standen ebenfalls *Arbeitsplatten-
schränke*, dort war auch die Tür am Ende der Wand.
Eine *Ärztin* kam herein – in mein *steriles* Zimmer ganz in weiß –
und hinter ihr noch *eine* Schwester und zwei *weitere* Personen im
weißen Kittel.
Die Ärztin wandte sich mir zu und sagte; *hören Sie mich Frau
Schu. – damit hat keiner gerechnet!*

Wie durch *Nebel* – der sich *langsam* lichtet, erkannte ich sie und
dann verschwamm alles wieder und tauchte wieder auf.

Ich sagte; *ich dachte ich wäre im Urlaub.*
Dann fragte sie; *Frau Schu. wie alt sind sie? Ich dachte nach – 46
oder 48 plus 8 Jahre sind 56. Ich sagte; 56.*
Darauf verschwand wieder alles im *Nebel* und ich war *ohne*
Besinnung.

Ich wurde wach, befand mich in *meinem* Bett und überlegt – dabei schlief ich wieder ein und stand dann mit *Peter* in *meinem*
Bad.
Er hatte sich verändert. Er war jünger – ca. 20 Jahre. Er wirkte
vital und eher *sanguinisch.* Sein Haarwuchs und Haarschnitt war
anders, die Haarfarbe war dunkel wie immer – die dunklen Augen
groß wie eh und je und in der *linken* Augenbraue – die sehr breit
war, befand sich *eine Narbe,* wo die Braue <u>nicht</u> richtig wuchs.

Ich sagte zu ihm: *warum machst du denn so ein Scheiß und störst
mich ständig?*
Er antwortete; *Weißt Du wie das ist – wenn man jemand total
mag und nie eine wirkliche Chance hat?*
Ich sagte; *wenn es Dir hilft, ich habe oft darüber nachgedacht
und es bedauert, aber ich konnte damals unter den gegeben Umständen nicht anders handeln.*

Ich denke; *Peter ist im* <u>*Frühjahr 2007*</u> *– 20 Jahre im Astralen
Bereich – eben das, was von ihm geblieben ist, als unerledigter
Rest und hat mit dem einst verstorbenen Peter B. – dem depres-
siven und schizophrenen Mann nicht mehr viel zu tun.* Darüber
habe ich mich sehr gefreut.

***

EIN WEITERES LEBEN FÜR PETER?

Die *Wiederverkörperung* von *Peters Geistes-Seele* hat nicht den
angestrebten Erfolg für mich – was ich *für mich damit* bezweck-
te, habe ich *bis jetzt – nicht* erreicht!
Die *letzten Seelen-Anteile* der gewesenen „*Peter- Persönlichkeit*"
– *sein Astral-Körper* schwirrt hier noch rum – was in gleicher
Weise durchaus sehr störende Auswirkungen hat, besonders über
das Gebiet der *Elektrotechnik – Telefon –Computer etc.*
Der *Geist* geht zwar weiter, *aber der vom eignen irdisch verflos-
senen Leben enttäuschte Astral-Körper* ist noch *nicht gesättigt*
vom *irdischen* Erleben!
Die alten *persönlichen* Beziehungen – zum *vergangenen* Leben –
sind für *diese* Seele *noch nicht* gänzlich abgeschlossen.
Ein *Teil seines Seins – die Psyche –* aus der *vergangenen* Inkarnation ist *noch* hier und sucht nach dem *Schuldigen* für sein *eigenes* Versagen!
So *beeinflusst Peter mein* Leben weiterhin *negativ* – stört meinen
persönlichen Freiraum.

Diese *irdisch unbefriedigten Persönlichkeits-Aspekte – Peter,*
müssen erst noch ausgelebt werden, bevor der *Geistes-Seelen-
Anteile* den *Astralkörper* gänzlich verlassen kann, um sich mit
dem *Geistes-Seelen*-Stamm zu vereinen, der bereits wiedergeboren *wurde.* Damit wäre die *Persönlichkeit Peter B.* beendet.
Hoffentlich hat „er" es bald!

***

**Ich bat Melchizedek noch einmal für die Restkomponente
Peter ein Inkarnationsgitter zu erstellen!**

Dabei hatte ich an *Peters abstammende* Familie gedacht – die
können wohl am besten mit <u>dieser</u> *Familien-Eigenheit* umgehen,

dass er sich dort inkarnieren könnte, um diese belastende und *erniedrigende* Zeit für immer zu beenden.
Peter ist auch bereit dazu, *aber wann?*

Am <u>2. November 2007</u> hörte ich die neue CD von *S. R.*, wozu *der astrale Peter* ja wieder viel <u>aufmerksam</u> zu machen hatte – *von seiner Seite*, <u>unsere gemeinsamen</u> *spanischen* Leben hängen da stark rein.
Ich höre also *Rossi* im Computer beim Nähen. Auf einmal denke ich; *wer spricht denn da!?*
Ich gehe auf den Flur und höre diese laute Ansage kommt aus meinem Schlafzimmer, am anderen Ende der Wohnung.
Mein Radio, das auf CD eingestellt und mit der Fernbedienung abgeschaltet war, hatte sich auf *Radio Arabella* umgestellt, *wie* und *warum* auch immer – es kam die Ansage; *eine schwangere Frau – die es nicht rechtzeitig zur Klinik geschafft hatte, musste von ihrem Mann im Auto entbunden werden.*

Auf der Autobahn waren die Autofahrer sehr kooperativ und haben den landenden Hubschrauber Platz gemacht. Der Transport ist gut für Mutter und Kind verlaufen. Alles in Ordnung – Mutter und Kind sind wohlauf.

***

Ich druckte das *Horoskop* für die Zeit aus, um es mit den beiden Horoskopen vom <u>verstorbenen</u> *Peter* und unserer *Lisa* zu verglichen. Es passt dazu.
Peters rückläufiger Uranus ist wieder im *10. Haus.* Diesmal in *Fische.* Die *Merkur/Sonne Konstellation,* allerdings in den Zeichen *Waage/ Skorpion* und ich würde sagen, wenn „er" es nicht „*vergeigt*", ist es das bessere Leben von beiden, weil sich am *absteigenden Mondknoten* nicht mehr wie bei *Lisa* der *rückläufige Pluto* befindet, sondern *Saturn im Direktlauf.*

Wo bei *Lisa* der *Mond* ist, befindet sich in diesem Horoskop die
Venus. *Lisa* hat die *Venus im Löwe* und das Kind den *Mond in
Löwe,* was wieder für die großen Augen spricht. –
Am *AC Zwilling* allerdings *Hades* und *Kronos* – im Zeichen
Krebs, also *Erfolg* in Verbindung mit *Mars* – dem konkreten
Auftreten – nicht wie es beim *Peter* war, *Jupiter* und *Neptun* –
der Volksnarr.
Lisa ist Sonne Zwilling, das Kind hat AC Zwilling!

***

*War das nun die Antwort auf meine Bitte an Melchizedek – eine
weitere Inkarnation für Geist Peter?*
Jetzt bin ich gespannt, ob es sich nach und nach „vertut". Bis jetzt
hat der *Astralkörper* noch nicht aufgegeben seine *vergangene
Persönlichkeit* auszuleben.

Die *Emotionen* als *einstiger Peter* kann er nur mit seinem *Astral-
körper Peter* erfahren und erleben.
Es ist gar nicht der gesamte Wesenskern – nur das – was in *ver-
gangener* Inkarnation *nicht* befriedigt wurde, will das „*Erdenle-
ben-Spiel*" *nicht* beenden.

Dabei kann es sich <u>auch</u> um einen *Doppelgänger – Austreiber* aus
einem seiner *Chakra* – handeln, der sich schon zu *Peters* Lebzeiten abgespalten hat, was ich aber *nicht* glauben wollte.
Seelen-Absplitterungen von Verstorbenen können *erdgebunden*
bleiben und sich *lebenden* Menschen als *Plagegeist* anheften. Sie
sind <u>nicht</u> in der Lage, sich aus *eigenen* Bestrebungen zu lösen
und *verursachen wiederholte Störungen* und *Behinderungen* der
„*Wirts-Person*" – über die sie sich *nähren* und *ihre gewesenen*
Krankheiten weiter „*ausleben*" etc., die meist *keine* Kenntnis von
dem „*Mitbewohner*" ihres Körpers hat.

Das sind dann wohl die *Spuk-Geister,* die *nicht* leben und *nicht* sterben können – die *unerlösten* Seelenanteile, die den Menschen zur *Plage* werden.

Gibt *Peter* seinen *Astralkörper* auf oder vernichtet ihn, ist nichts mehr vom *gewesenen irdischen lebenden Peter,* als *Peter* vorhanden und er kann keine neuen Erfahrungen als *Peter* im *astralen* Bereich oder am *Erdenplan* machen.
Der *Persönlichkeitsteil Peter* ist dann für immer dahin und kann nur über die *nachkommenden* Persönlichkeiten erfahren werden, oder über *alte Überbleibsel* aus *frühren* Inkarnationen.

Der *Geist* hat die Erfahrung gemacht und geht weiter, *der Astral-Körper* – dieser *Selbstmörderteil* irrt hier unbelehrbar herum. Er hat ja keine Möglichkeit mehr, als zu sein – was er *irdisch* war, ein *zeitweilig behinderter Schizophrener* und das – bis er zerfällt.

Was kann ich dafür, dass er mit *seinem* Leben *nicht* zu recht kam? Warum muss ich mich so viele Jahre nach seinem *irdischen* Tode immer noch mit *seinem astralen Selbst* oder *Doppelgänger* aus-einandersetzen?
Ich sehe mich dadurch benutzt und ich bin nicht länger gewillt, ihm zu *Diensten* zu sein!
Ich bin ihm nicht verpflichtet – ich stehe nicht mehr zur Verfü-gung!

Peter war *schizophren* und ich habe eine lange Zeit geglaubt, dass er nach seinem Tode *im Geiste normal* wäre, hatte aber später mehr und mehr den Eindruck, dass sich auch in diesem – *seinem* Aggregatzustand die *schizophrenen Schübe* wiederholten. Man ist nach dem *irdischen* Tod *nicht* sofort seine *irdischen* Leiden los, sondern der *Astral-Körper* leidet weiter *mit* ihnen.
Das macht doch kein *normaler* Verstorbener, dass – wenn sich ein *Irdischer* bemüht, man ihn ständig stört und behindert. Diese *ständige nervliche* Doppelbelastung, durch *Peters* Auf- und Zu-

dringlichkeit – die er aus *Eifersucht* startet, ist *mehr* als unange-
nehm und hat mich völlig überfordert, trotzdem *bleibt er uneinsichtig*!

Peter hat auf *seiner* Ebene *keine* Zeit – da gibt es *nur* Raum, aber
die *meine* ist dahin und *in mir* ist *zeitweise* eine *große Verbitte-
rung* – denke ich darüber nach.
Meine – durch *ihn* verloren gegangenen *irdischen* Jahre sind nicht
wieder einzuholen – sie bleiben verloren.

*W*äre ich mir meiner *eigenen Kraft* und *Macht* – die mir zur Verfügung steht – voll bewusst gewesen, hätte mir das wahrscheinlich gar nicht alles passieren können.
Die *Geister* – Astralwesen benötigen die *irdische* Kraft der Menschen, damit sie *agieren* können.
Die *Macht,* die man *nicht für sich* selbst – für *andere* oder *gegen*
sie nutzt, richtet sich *letztlich* gegen *sich selbst, da alles Vorhan-
dene genutzt werden muss.*

Ich habe mir eine *Aura-Photografie* anfertigen lassen und Anhand
der *Aura-Photografie* wird ersichtlich, an *welcher* Stelle des
Energiefeldes sich der *Kraftentzug* vollzieht.
Man sieht ganz genau, an der *rechten* Seite – wo sich der *verstorbene Peter aufhält* – ist die *Aura* geöffnet und der *Kraftentzug*
wird in Form eines dunklen Streifens *sichtbar.*
Auch durch *lebende Personen – Familien-Mitglieder* kann man
einen *Kraftschwund* erleiden.

Aus dem *persönlichen* Horoskop ist ersichtlich, wie in der *Familie* oder in der *Partnerschaft –* *Horoskop-Aspekte* durch andere
genutzt – benutzt werden können, wenn man sie *selbst nicht* lebt,
sie sind austauschbar.
Das muss *demjenigen nicht* verstandesmäßig bewusst sein.

Die *Medien trifft es hart,* da sie *diese* Umlagerung spüren – für sie ist sie eine *große Last.*
Wenn das letzte Restchen dieser *Belagerung* vorbei ist – *ausgelebt,* kann man von einer *Erlösung* der *irdisch lebenden* Person sprechen.

***

Die *Aura-Leserin* – die im Gegensatz zu dem *russischen Medium L.* aus *Kalifornien* stammt, während das *Medium M.M. Bajuwarin* war, was eine eigenartige „*Dreiheit*" ergibt, woher die Informationsfluss kommt – *Russland – Deutschland – Amerika,* sagte im <u>Januar 1999</u> zu mir:
„Ich kann ihnen für diese vielen verlorenen Jahre keinen Trost geben – sie müssen sie einfach als Lernaufgabe sehen. "

Ich wollte *nicht* lernen, mit einem *Selbstmördergeist* in einer *gesellschaftlich niederen* Gegend zu *verweilen,* noch dazu mit *wenig* Geld und einer nachbarlich *unzulänglichen* Umgebung.
Ich wollte *leben – lachen,* mit *allen Sinne freudig* genießen.
„Die Götter" sind auch auf die Erde gekommen, um den irdischen Genüssen zu frönen."

Ich hatte ihn geliebt und konnte *mit seinem Tode nicht umgehen – ohne ihn und mich zu betrauern.*
Vielleicht hängt es auch damit zusammen, das ich *diesen Schmerz nie ganz aus meiner Seele entlassen konnte, da ich mich um die Früchte meiner Bemühungen – zu seinen Lebzeiten betrogen fühlte, mein Leben so ganz nach seinem ausrichtete, wodurch meines total ins Hintertreffen kam, was er gar nicht zur Kenntnis nahm,* er hat es hingenommen und ich habe *nie ein Wort des Dankes* je bekommen.

Im Gegenteil; *es sitzt hier, wie die Made im Speck und frisst weiter an meiner durch ihn verletzten Seele.*

Es geht letztlich nicht nur um die *finanzielle* Absicherung des *eigenen Lebens* – sondern, um die *Anerkennung* der *Gesellschaft* in der man lebt – in <u>ihr</u> *die Anerkennung* des *eigenen* Ausdrucks zu erlangen.
Findet man diese Würdigung *nicht* – durch das Umfeld, kann es bis zur *Selbstverstümmelung* oder *Selbstverweigerung* gehen!
Da hilft es nur, die Gesellschaft, das Umfeld zu wechseln – zu verändern!
Das hat lange gedauert, bis es für mich endlich soweit war.

***

Bei der *Aura-Reading* Sitzung am <u>23.5.03</u> hatte die *Aura-Leserin* gesagt; *Peter ist immer noch hier – er hat noch nicht abgeschlossen, er ist aber bereit – es zu tun.*
Wenn der Peter weg ist, kann eine ganz andere Qualität erfüllt werden.
Er ist gewillt jetzt zu gehen, nach dem sich für ihn all seine Belange gelöst haben, dass er auf eine – zwar nicht voll gelebte, aber doch, auf eine – <u>über</u> <u>mich</u> – im Wesentlichen abgeschlossene Inkarnation blicken kann!
Er ist eine Mischung aus uneinsichtiger Plage, aber da ist auch Liebe!

Jetzt – nach all den Jahren ist er noch hier – <u>2012</u>, er hat überhaupt von sich aus nicht das Bedürfnis – etwas zu machen!

***

WEITERE INFORAMTIONEN

Anfang der <u>90iger</u> Jahre hatte ich versuchte, mich mit dem Parapsychologen *Hans Bender* in Verbindung zu setzen.
Ich erfuhrt von einem – seiner Mitarbeiter; *Herr Bender weilt nicht mehr unten uns, er ist verstorben.*
Ich sagte; *das ist aber schade, dass er tot ist.*
Darauf wurde mir geantwortet; *er ist verstorben – ob er tot ist, wissen wir nicht.*
Ich erzählte dem *Parapsychologen* meine Story und er meinte; *warum tun Sie das Ihrer Seele an, gehen Sie in Therapeutische Beratung.*
Ich sagte; *für solche Spinnerein habe ich keine Zeit.*
Er antwortete; *ja – wenn Sie meinen.*

Diese – *meine* Entscheidung war, im Nachhinein gesehen völlig falsch. Es wäre mir viel Zeit und Leid erspart geblieben, hätte ich damals die *Seelenarbeit – Peters Tod in mir zu verarbeiten aufgenommen* – mich von dem Verstorbenen und seiner Belastung voll zu trennen.

***

Im <u>September 1997</u> sprach ich mit dem Parapsychologe *Dr. Dr. Walter von Lucadou.*
Herr von Lucadou empfahl mir das Buch „*Geister sind auch nur Menschen*", dass er mit einem Kollegen verfasst hatte.
In diesem werden *Spuk-Phänomene* beschrieben und wie sie angeblich zustande kommen.

Im <u>Juli 2007</u> sah ich *Herrn v. Lucadou* wieder in einer FS-Gesprächsrunde.

Er versuchte zu erklären, dass *Spuk-Phänomene* durch bestimmte
Menschen ausgelöst werden können.
Er sagte sinngemäß; *wenn jemand Stress hat, dann kann er Ma-*
gengeschwüre bekommen oder er muss zur Therapie, weil er sein
Probleme verinnerlicht hat.
Wenn ein Mensch aber seine Probleme nach außen trägt, dann
kann es auf Grund der seelischen Spannungen zu solchen Erfah-
rungen kommen.

Man muss sich dann immer darüber klar werden; *wann tritt das*
Phänomen auf, welche Menschen sind daran beteiligt – befinden
sich im Raum und dann kann man die Ursache dafür erforschen.
Er informierte noch; *ich bin auch Physiker und das da ein phy-*
sischer Vorgang stattfindet, steht außer Frage – nur die Ursache,
die zu ermitteln – ist; wodurch geschieht es?
Der *paranormale* Informationsaustausch, *der Raum und Zeit*
durchbricht – wird unter dem Sammelbegriff *PSI-Phänomene* –
<u>Macht des Geistes</u> – vermarktet!

Einstein soll gesagt haben; *PSI hat sicher mehr mit Physik zu tun,*
als mit Parapsychologie!
Ich kann das *jetzt* nachvollziehen, nachdem mich mein *geistiger*
Berater informierte;

Irdisches kann nur durch Irdischen in Kraft treten. Es kann
durch das Geistige inspiriert werden.

Es ist eine Form von Telepathie!
Es kann nur durch einen lebenden Menschen, mit der Veranla-
gung dazu – in Kraft treten.
Austreten von *Zytoplasma*?
Es geschieht <u>durch</u> Menschen mit <u>besonderen</u> Fähigkeiten –
<u>unbewusst</u>, *durch <u>Geister</u> verursacht!*
Ich hatte *keinen* Stress als das *Phänomen* <u>bei mir auftrat</u>, ich
wollte nur wieder ganz *normal* leben.

Der verstorbene Peter wollte das nicht! Danach begann für mich der Stress!
Es sind zwei *verschiedene* Sparten – nach *geistiger* Mitteilung; einmal die *medialen* Erfahrungen, *die vom sich bewussten Geist erfahren werden* und die *Spuk-Phänomene*, die durch *seelisches* Fehlverhalten einer *bestimmten* Person in Kraft treten können, die sich dessen aber *nicht* bewusst ist – *aus Unkenntnis der Dinge.*

Wie ich noch nachträglich *Allen Forsters „ Erfolg dank der Entdeckung Ihrer früheren Leben"* entnahm, gibt es *zwei* Arten von *Spuk-Phänomenen.*
Einmal das Phänomen, das durch ein Medium ausgelöst wird und die *zweite* Art – *ist die durch einen Verstorbenen verursachte –* der in *diesem* Haus oder Ort, eines *gewaltsamen* Todes ums Leben gekommen ist, oder <u>dort oft zu Besuch war.</u> – Das ist in meinem Fall mit dem *Peter* so; er war sehr oft bei mir!

Es gibt auch ein *Gedächtnis des Ortes*, wo ein Verbrechen geschah. Die *geo-biologischen Schwingungen* des Ortes haben dadurch Schaden genommen.

***

Der verstorbene *Hajo Banzhaf* – ich ziehe immer eine Tarot-Karte – informierte in einem *morgendlichen* Gespräch mit ihm;
Die Empfindungen sind nach dem Tode dieselben – zumindest sehr ähnlich. Die Interessen blieben die gleichen.
Beziehungen sind beim Wiederinkarnieren – was sie auch waren, in einer neuen Rolle.
Eine Scheißbeziehung aus dem verg. Leben – bleibt eine Scheißbeziehung aus dem vergangen Leben. <u>*Ein neues Leben ändert sie.*</u>

***

DIE GLASKUGELSEHERIN –

zu *ihr* „fiel" mir später *„gewesene Inkarnation Charlotte von Stein – Goethes mütterliche Geliebte" ein,* was ich ihr auch mitteilte – erklärte mir im <u>Herbst 2007</u>, als sie *Peter* in *seiner* Umgebung – auf seiner Ebene gesichtet und geortet hatte; *so was wie sie da um sich haben, dass möchte ich nicht und ich bin 20 Jahre jünger als sie.*
Er ist ja so wütend über unsere Zusammenkunft, und läuft ganz furcht erregend zwischen uns beiden hin und her.

Das kannte ich aus seinem Leben, wenn er seine Anfälle hatte oder „ston" war – wie ein *Mordgeselle.*
Mir war auch nach dem Tag der Zusammenkunft mit der *Glaskugel-Seherin* gar nicht gut und ich hatte das Empfinden, „er" sitzt als *bedrohende Wolke* auf mir, so dass ich mich an *nichts* erinnern sollte.

Es schien alles schlimmer als zuvor. Das kann sich aber auch um den *Doppelgänger* aus seinem *Wurzel-Chakra* gehandelt haben, etwas – was sich schon zu seinen Lebzeiten bei mir angeheftet hatte.

Die Dame sagte mir Tage später; *es hat bei ihr in dieser Zeit unserer Seance nicht nur eine Glühbirne durchgeschlagen, sondern es ist ihr auch noch ein sehr wertvoller Lampenschirm dabei zersprungen.*
Sie möchte in diesem Falle nichts mehr machen, da sie ähnliches auch selbst erlebt habe und es sehr schwierig ist, so was wieder los zubekommen.
Mein *geistiger Berater* gab mir für *sie* eine sehr ausgefallen Parfüm-Rezeptur *rüber* – mit dem Namen „Siam-Braut", um den

materiellen Schaden betr. des zersprungenen Lampenschirm zu begrenzen.
Scheinbar war „*Siambraut*" eine frühere Inkarnation von ihr.

***

Betr. des *zersprungenen* Lampenschirms – ähnliches kannte ich schon. Ich war kurz nach *Peters* Ableben bei einer Klientin eingeladen.
Diese erzählte mir später; *nachdem Sie gegangen waren, ist es bei uns die ganze Nacht im Hobbykeller „umgegangen"*.

Ihr Freund hatte mich nach Hause gefahren, was dem *Geist Peter* wahrscheinlich zuwider gewesen war!

***

DIE ASTRALHÜLLE

Ich habe *es* in der Nacht am <u>7. Januar 2008</u> gegen Morgen gesehen – wie *es* über mir schwebte, als Lichtscheibe – *milchig-gelb*
mit *vier* Strahlen, aber für mich *ohne* erkennbaren *Ich-Punkt*.
Es hatte *menschliche* Größe und lag praktisch auf mir, ca. 80 cm
über meiner Bettdecke!

Die Geister der *normalen* Verstorbenen sind wie Sterne – *farbig,
mit exakten Ich-Punkt – diese* Hülle nicht!
Das bisschen *Geist* <u>in ihr</u> ist gar nicht mehr richtig sichtbar – vorhanden! Es ist nur eine genährte *matte Astralhülle.*
Daraus ist zu ersehen, dass der *Geist* der *verstorbenen* Persönlichkeit weitergeht, aber die *gewesene Persönlichkeit* in <u>kein weiteres</u>
Leben mitgenommen werden kann, nur das Wissen *über* ihre Erfahrungen – Talente etc.
Hier im *astralen* Bereich – des *Himmels* oder der *Hölle*, wie von
der Kirche gepredigt – verharrt die *astrale Persönlichkeit* in ihren
gewesenen irdischen Zustand – *ganz oder teilweise*, bis sie sich
von selbst auflöst – *erlöst*!

**Das Astralwesen hat kein Problem damit, dem sich auserko-
renen Menschen, gegen dessen Willen weiterhin – evtl. bis
zum Tode nutzbar zu machen – zu quälen.**
**Ein Vampir-Wesen – eine Seelen-Absplitterung, die das Licht
aufgrund ihres gewaltsamen Todes und seiner Uneinsichtigkeit nicht findet.**
**Es nährt sich vom Irdischen des Menschen, um <u>astral</u> über
diesen zu agieren. Das ist besonders schlimm, wenn man so
einen Selbstmörder geliebt hat** – *man glaubt an Einsicht des
Wesens,* <u>*die nicht vorhanden ist.*</u>

Meine Studien ergaben; diese *astralen Wesen* nähren sich von
Schleim und Blut, bzw. aus der Kraft von diesen.
Dem *Parasitentum* der *Selbstmörder* und *Unfall-Toten* sind keine
Grenze gesetzt. Sie nutzen *kranke* Stellen im Körper, z.B. *Blut-*
stauungen – wie Krampfadern.

Sie verursachen *Blockierungen* in den *Meridianen,* dass die Kräfte nicht mehr *frei* fließen können; wie es bei *Herzbeschwerden*
durch *Überanstrengung* und *Stress* möglich ist, *dort setzen sie*
sich am Körper ihres Opfers fest.
Die Galle mit ihrem produzierenden Schleim und die Leber mit
der Blutbildung sind Orte, wo „sie" ihren „astralen Schleim"
nähren können. Sie hinterlassen überall so eine leichte Fett-
schmiere, wenn man darauf achtet. Z.B. am Spiegel in Bauchna-
belhöhe!
Des Weiteren besteht für *diese Wesen* die Möglichkeit über plötzlich *entstehende Leberflecke/Warzen* Zugang zum *organischen*
Schleim- und Blutbereich zu erlangen – sich darüber zu nähren.

Hinter den Ohren liegen das *Jugendzentrum* und der *Gallenmeri-*
dian. Über dem *rechten Ohr die Epiphyse* – hierüber kann das
Opfer *willentlich stimuliert* werden.
Von der *Epiphyse* besteht *die Verbindung zum 3. Auge,* was den
Sehnerv schwächt, weil *Lebenskraft* entzogen wird. Weiterhin
besteht der *Zugang zur Hypophyse* – wo die *Sexualität gesteuert*
wird und somit die Verbindung zum *Geistigen* und zum *„Astra-*
len Raum" offen liegt.

Durch die *Sexualität* kommt der *freie Geist* zu *neuen irdischen*
Leben. - Das ist normal!
Das *linke Ohr* dient in meinem Fall nur als Gegensteuerung, wenn
das *rechte* zu belastet ist und *keinen Kraftentzug mehr möglich*
macht.
Der *Nasenbereich* – der auch *Schleim produziert* und der damit
verbundene Lungenbereich – dient ebenfalls als Aufenthaltsort

für *„ vampirische Astralwesen "* – an den <u>Schlüsselbeinen</u> ins-
besondere.
Ich habe das alles selbst geortet und getestet. Es sind meine eigenen Erfahrungen und Wahrnehmungen.

Warum quält er mich?
Meine *Oma Hermine* informierte mich diesbezüglich; Peter um
Dich ist Seelenwert! –

Mein *geistiger Berater* informierte mich nachträglich; Peter – die
Astralhülle – reagiert nur gefühlsmäßig, er ist mental nicht
erreichbar!
**Also Empfindungen <u>ohne</u> Vernunft! – mit <u>wenig</u> Geist! Ganz
<u>ohne</u> Geist geht nicht! Ist <u>nichts</u> lebensfähig.**

***

ENERGIETRENNUNG - das LICHTGITTER

Nachdem ich das das *Internet* wiederholt nach *Geistheilern*
durchforstet hatte, bekam ich von daher über Vermittlung die
Adressen einer *Geistheilerin* – meines Alters, die wirklich sehr
stark ist und die auch über *Fernbehandlung* –Telefon arbeitet.
Sie nahm die *Energietrennung* vor. Ich bemerkte ganz stark, wie
sich an meinem Körper überall etwas tat – wie es durchblutete,
wie es warm wurde – mir wurde auch mal übel, da es über die
Chakren und *Meridiane* gemacht wird, die von der *Fremd-Ener-
gie* gereinigt werden.
Sie veranlasste den *Astralen Peter* zugehen und *schickte ihn ins
Licht. Er* ging – in dem er wohl äußerte; *da gehe ich eben* – was
Peters Art entsprach!
Die Frau sah ihn entweichen und meinte; *es ist ein Heller – eher
Schmächtiger* – was ich mir gar nicht so erklären konnte. Lang
und schlank war er ja immer, aber hell?
Diese Behandlung hatte mich sehr angestrengt, ich war wie zer-
schlagen.
Er war weg – für den Abend – wie es schien, die Nacht – es war
wunderbar und dann hörte ich ihn wieder und sah ihn auch wieder
vor mir *flattern*.

Wir wiederholten das ganze nochmals 14 Tage später, am <u>16.5.09</u>
Mein *geistiger Berater* hatte für die *Geistheilerin* die Anleitung;
*sie soll ihn nicht direkt in das helle Licht schicken, das tut ihm
weh – das verträgt er nicht, mehr in gedämpftes.*
Ich informierte sie diesbezüglich und sie schickte ihn *nicht* ins
Licht.
Der *Peter* ging wieder weg – nachdem er erst zögerte, wobei sie
meinte, *ich wäre die – die zurückblickte* und wir machten es noch
einmal – wobei mich die *Heilerin* informierte; *jetzt sehe sie im-*

mer noch meine Nasenspitze und erst beim <u>dritten</u> Mal sagte sie;
jetzt laufen sie aber.
Es war wieder eine <u>Fernbehandlung</u> am Telefon – *sie* richtete vieles an mir, was auch vollkommen seine Wirkung hat.
Ich war nach der Behandlung wieder *wie gerädert* – wie nach meiner ersten *Shiatsu Direktbehandlung.* Es wirkt!
Noch in dieser Nacht war er wieder da.

***

Über eine weitere *Geistheilerin* im Internet bekam ich die Adresse einer *Heilpraktikerin,* die sich mit dieser *Materie* befasst. Mit ihr vereinbarte ich einen Termin für den <u>25.5.09</u> – bei ihr.
Es war alles sehr feierlich mit wunderbaren Düften und Musik.
Peter war da.
Die *Heilpraktikerin sagte; er ist nicht mehr dunkelhaarig – er ist jetzt ganz weiß und die Haut hat viele Falten, sie ist wie von der Sonne gebräunt – er ist mit Ihnen irdisch gealtert.*
Jetzt konnte ich mir auch die Äußerung der *Geistheilerin* erklären*; es ist ein Heller.*

Durch die Aussage der *Heilpraktikerin* wurde die Mitteilung der *Aura-Leserin* unterstrichen, die schon <u>2003</u> – wie erwähnt – berichtete*; Peter ist eine Mischung aus uneinsichtiger Plage, aber da ist auch Liebe!!*
Die *Heilpraktikerin* vermittelte die Verabschiedung zwischen *Peter* und mir.
Er äußerte sich*; er ist sehr traurig, dass er gehen muss. Er empfindet es nicht so, dass er mein irdisches Leben behindert und stört – er empfindet nicht die Belastung – die er für mich ist.*
Peter wurde wieder *ins Licht* geschickt und er ging zögernd, obwohl die *Heilpraktikerin* ihn ermunterte.
Ich hatte *ihr* ebenfalls gesagt; das er das *helle* Licht nicht verträgt, weil er sich erst langsam hocharbeiten muss.
Am Abend war er wieder da.

Die Frage des *Doppelgängers* warf sich mir erneut auf, inwiefern
Peter schon zu seinen Lebzeiten *gefühlsmäßig* einen *Doppelgänger* ausgesandt hat, wenn *er* alleine bei sich war und vielleicht
dachte – was ich machte.

Doppelgänger des *Denk- Emotions- und Vitalitätskörpers* sind
nach *Ellen Grasse* üblich, was ich erst *nicht* glaubte.
Außer <u>seelischen</u> <u>Krankheiten</u> sind es *starke Emotionen* – z.B.
Liebe Hass, Herrschsucht, die den *Doppelgänger des Wurzel-
chakra* austreiben und mit dem anderen leben!

Das ist wohl richtig – *Peter* war ja *seelisch* krank!
So kann ich mit einem Teil vom *Peter* zu seinem Lebzeiten schon
gelebt haben – <u>ohne</u> es zu wissen.
Wir sind uns jetzt nicht sicher, welcher „Peter" von *wem* ins Licht
geschickt wurde – *etwas ist jetzt noch hier!*

Der *Hellseher Marcus* und auch das *Medium* M.M. sprachen davon, dass im *Astralen Raum* ein *Doppelgänger* vom *Peter* zeitweise sichtbar ist und <u>um mich wäre.</u>
Der Hellseher *Marcus* sagte schon ca. <u>94/95;</u> der *verstorbene Peter* habe zu ihm gesagt: *er könnte sich totlachen, wenn er sieht –
wie ich mich mit seinem Doppelgänger herum streite.*
M.M. sagte es ca. zur gleichen Zeit.

Erst durch *Ellen Grasses Erkenntnisse*, hielt ich es für möglich,
was ich durch die Arbeit der *Geistheiler* bestätigt sehe.
Ich verstehe jetzt auch, dass ich zeitweise links und rechts neben
meinen Kopf *das gleiche Lichtflattern* wahrnehme. Das sind dann
wohl beide! Es ist immer *dieselbe* Energie – die ich wahrnehme,
<u>da ist kein anderer!</u>

Darauf hin bat ich *Melchizedek; er solle das doch mal für mich
erledigen – Peter von mir wegzubringen* – <u>in seine Region,</u> *damit*

ich mich endlich hier aus dieser mich be- und erdrückende Umgebung wieder in meine Bereiche erheben kann, denn mit dem Peter „im Gepäck" komme ich nie hier raus – aus meiner Misere, weil der Peter eben das hier braucht, um am Erdenplan – im Irdischen bei mir sein zu können.

Melchizedek sagte zu – mit der Bemerkung; *ohne irdische Kraft wird es schwer und die Stimme werde ich noch längere Zeit hören.*

Er machte die *Energietrennung* vom *Geistigen* her und ich hatte die Erleichterung; *Peter ist weg.*

Dann kamen die 3 Tage um *Neumond* und *Peter* schrie mir wieder schrecklich ins Ohr.

Einige Tage darauf – sah ich morgens im *Halblicht* – in der Nähe meines Fensters ein *Lichtraster* schimmern.

Es sah aus wie aus *Perlmut* und hatte ca. die Größe eines DIN A 4/5 Blattes – was sich von dort zu meinem Bett vorzuschieben schien. Ich schlief wieder ein.

Jetzt frage ich mich; *ist es der 3. Raster, den Melchizedek gesetzt hat, damit die letzten Geist-Komponente von Peters Astralkörper entweichen können, damit dieser völlig geistlos geworden zerfällt* – der *Doppelgänger?*

Wäre es dann so, dass *er* als *Selbstmörder* oder *Unfall-Toter* – er reagiert auf <u>Unfall-Toter,</u> er hat es noch nicht vergessen und das ich nicht bei ihm war – nicht länger am *Erdenplan* rumhängen müsste, bis er sein *tatsächliches* Sterbealter erreicht hat, weil ich mich in *dieser Nacht* entschieden habe, weiterhin meine *geistige Mission* zu erfüllen – die ich nicht mehr tun wollte, betr. allen Frustes?! Ich höre; *ja!*

Damit ich bei meiner *schweren* Arbeit – <u>schwer im Sinne von anstrengend,</u> nicht länger unter der – seiner Belastung zu leiden habe, weil ich mich dann wenigstens dieses entsetzlichen Umfelds – um mich entziehen kann, in dem er mich *mit sich* festhält.

Die *Geistes-Seele* muss in eine *rechteckige* Form eingehen, will sie *irdisch* werden – sich *körperlich manifestieren.*

MITTEILUNG Jesus im Akasha betr: PETER

Du bekommst ihn nicht los!
3% Persönlichkeits-Anteileile vom gewesenen Peter – Lisa ist
aus dem Höheren Selbst vom Peter.
Die Selbstmörderanteile konnten <u>nicht</u> neu inkarniert werden.

Diese Restpersönlichkeit von ihm ist an Dir hängen geblieben.
Persönlichkeit kann nicht aufgelöst werden – sie bleibt erhalten
– das Bewusstsein der Persönlichkeit ist immer ein Ich-Leben –
wandert nicht weiter, nur das Bewusstsein diese Persönlichkeit
gewesen zu sein, ist im Wesenskern gespeichert und als diese
Persönlichkeit – diese und jene Erfahrung gemacht zu haben.
Als geistiges Ich-Selbst kann ich sagen; ich war einmal – aber
Persönlichkeit ist nur; <u>ich bin jetzt</u> und als diese Persönlichkeit
kann ich mich erinnern – in einer meiner früheren Inkarnationen als Seele und Geist war ich .. ..
Im Energiefeld des Körpers der jetzigen Persönlichkeit ist das
Bewusstsein gespeichert, über diese anderen Persönlichkeiten
Deines Seins und so können aus dem Energiefeld Deine gewe-
senen Persönlichkeiten mit ihren Zusammenhängen zu be-
stimmten Zeiten aufsteigen.
Peter ist eine Absplitterung aus seinem Energiefeld und hat
sich bewusst bei Dir angehangen - schon zu seiner Lebenszeit.

Es gehen Bewusstseinteile immer wieder ab zu seinem Selbst –
Lisa, aber da das gelebte Leben nicht erfüllt war mit Dir, ver-
saut er Dir so viel er kann.
Das ist so eine Art Wächterstellung die er macht, aber nicht im
positiven Sinn für dich, sondern im negativen. Er hat sich **für**
seinen Freitod Dich zum Sündenbock erkoren, obwohl er weiß,
die Schuld liegt bei ihm.

Das er sich an Deinem Leben versündigt – was nie wieder bereinigt werden kann, dass weiß er, will es aber nicht so sehen. ER
will Deine Verzeihung erpressen, dass er frei ist von dieser
Schuld, damit er sich neu, als diese Wesens- oder Persönlichkeits-Anteile inkarnieren kann. ER ist nicht blöd – sondern
niederträchtig.

Hinderlich ist nur der Peter – die 3% bewusste Persönlichkeits-
Anteile aus seinem Vorleben.
Du musst Dich nicht mit ihm rumstreiten, es ist sowieso umsonst.

***

EPILOG

In den Tagen des <u>Juli 2009,</u> sprach ich das erste Mal – nach all
den Jahren – zum *Medium L.,* von meinem Problemen – die wie
verhext schienen und von denen ich glaube, dass ich sie den *Peter*
zu verdanken habe.
Frau L. sah mich zuerst erstaunt an und meinte dann schmun-
zelnd; *all das verdankst Du Deinem lieben Schatzi.*
Der Peter ist Drüben in seinem astralen Bereich, aber das hält
ihn nicht davon ab, Dir alles zu vermiesen, wenn ihm danach ist.
Ich fragte; *warum?* Sie antwortete; *rate mal?*

Er will nach wie vor, dass ich mich vor Verzweiflung umbringe!
Das *ist* er mir und *war* er mir *nie* wert! – er war nur <u>ein Freund,</u>
der zu seinen Lebzeiten *nichts für mich tat,* als das er mich benutzte, ich ließ es geschehen – weil ich ihn liebte! *Er war nie*
Erfüllung für mich!

Ich hörte nochmals die Kassetten ab, die ich bei der *Auralesung*
im *Mai 2001* aufgenommen hatte.
Die *Aura-Leserin* informierte mich; *es ist ganz wichtig, das Peter*
ganz geht, mit allen Komponenten und Restkomponenten und al-
len Resonanzen – was ich damals gar nicht so bewertet habe.

Jetzt erst – *im Oktober* <u>2010</u> wurde es mir klar, dass *sie* damals
schon wusste, dass es vermieden werden musste, dass von *ihm* –
etwas an mir hängen bleibt, bzw. dass er mich mit der *Resonanz-*
strahlung jederzeit piesacken kann, wenn diese Ebene nicht <u>ent-</u>
<u>schwingt</u> *wird – sich* meine Gedanken weiterhin um *ihn bewegen.*
In mir lebte die *stete* Angst, dass *er* meine Arbeit weiterhin behindert – in mein <u>Ohr plärrt,</u> was mich belästigte – *unfrei* machte.

Und egal, wie viele Teile von Teilen von *ihm* hier noch zur Inkarnation kämen – *piesacken* kann er mich immer, *solange ich auf dieser Welle empfänglich bin.*
Ich habe mich vor *seinen* Schikanen gefürchtet und auf der anderen Seite war er mir lieb im Herzen – *da war noch ein Teil Liebe in mir, der „ihn" hören wollte, dass es ihn noch gibt – da draußen!*

Ich dachte; er ist tot – so jung noch gewesen und ich lebe, wenn ich jetzt glücklich bin wird er mir mein Leben wieder ruiniere, wenn ich mir jetzt das und das vornehme, wird er es zu verhindern wissen und wenn ich einen neuen Partner habe, wird er die Beziehung stören oder den Partner umkommen lassen, wie er es in frühern Leben tat.
Er ist so böse, wie die Glaskugelseherin sah. Er gönnt mir nichts Gutes, weil er mich ständig nur für sich haben will – für seine Belange. So habe ich die Strahlung von ihm auf mich gezogen – *es konnte geschehen!*
Damit war es „ihn" möglich *überall dazwischen zu sein* – zu funken, weil *mein Bewusstsein* dafür *offen* war; *er macht mir alles kaputt.*
Deshalb wäre *ein psychologischer Berater* mit den *richtigen Fragen* aus *objektiver –* <u>nicht</u> aus *subjektiver* Sicht besser für mich gewesen, diesen Schock zu verarbeiten, den mir der *Tod Peters* verursacht hat – die *Schuldgefühle,* dass ich als *älterer lebe* und er als *jüngerer tot* ist, dass ich nicht *telefonisch* nachgefragt habe; *ob er es war,* der eben – nachts angerufen hat, um so evtl. *seinen vorzeitigen Tod zu verhindern.*

Seine Eltern hatten die Verantwortung für ihn – <u>nicht ich</u> und trotzdem.
Sie waren ja <u>nicht</u> fähig, lebten mit ihm unter *einem* Dach und konnten es <u>nicht</u> verhindert.
Ich war <u>nur</u> die Freundin – mit der die Familie nichts besprach, was seine Belange waren, die sich aber *um ihn* gekümmert hat, als

er in München war – <u>nicht</u> als die Partnerin. Zu einer Partnerschaft war er <u>nicht</u> *mehr fähig – er sah nur noch sich!*
Das war die falsche Logik von mir!

Ich war <u>nicht</u> *für sein Leben verantwortlich* – er hat *sich* das alles
selber zu verdanken, weil er <u>nie</u> daran gewohnt war, *zu seinen
falschen Entscheidungen selber zu stehen,* sondern die *wohlha-
bende* Familie hat sich <u>immer</u> seiner Probleme angenommen und
sie *finanziell* ausgeglichen.
Trotzdem fühlt er sich *von seiner Familie vereinnahmt* – was ihn
störte, er wollte *frei* sein – <u>nicht</u> „antanzen" müssen!
Nun war *ein* Problem an ihn heran getreten, dass die Familie <u>nicht</u>
lösen konnte – *seine Schizophrenie* und er war <u>nicht</u> bereit, *sich
den Möglichkeiten zu stellen,* die <u>ihn</u> *in eingeschränkter* Form
sein irdisches Leben möglich machten – er wollte es <u>so</u> <u>nicht</u>.

Ich war *nicht* bereit, in *seiner Art* – wie er es für sich brauchte, *für
ihn dazu sein* – ich war *nicht* die Betreuerin eines *seelisch/geistig
Behinderten,* ich bin *eine beratende Astrologin* und sah *in einer
Partnerschaft mit einen knapp 20 Jahre jüngeren Mann* – in dem
ich ihn umsorge und seine Launen ertrug – keinen Sinn für mich!
Ich wollte es nicht mehr!
Ein Jahr Belastung durch „ihn" und der dadurch entstandene
finanzielle Nachteil war genug für mich!
*Für mich war diese Begegnung beendet, als ihn die Familie nach
Hause holte.*

Trotzdem war ich immer für *Peter* da, wenn er ein <u>beratendes</u> Gespräch brauchte und das er mich besuchen konnte, war selbstver-
ständlich.

**Peter hat – mit seiner Depression – mit der er gestorben ist,
auch mir die Selbstsicherheit auf mein Leben genommen.
Angst – Furcht und Schrecken sind schlechte Lebensberater.**

Und egal, wie viele Jahre vergangen sind – seit damals, der große
Schock über seinen Tod – den ich so *gewaltvoll* in meiner Seele
„vergraben" habe, um damit leben zu können, hat mich bis in die
tiefste Tiefe meines Seins erschüttert, mit dem ich *nur* durch „verdrängen" umgehen konnte und viel Arbeit.

Es gibt Tage, da ist ES einfach wieder da und die Frage in mir;
*warum musste ich so verletzt werden, das mein ganzes Leben aus
den Fugen geriet? – warum wurde mir das angetan?*
Ich habe nichts in Verbindung mit *ihm* getan, obschon *er* mich
das glauben machen will, was so eine *Seelenqual* – so ein *Zerstören meines Lebens* und *wirtschaftlichen Erfolges* zur Folge haben
konnte.

Ich wollte mein Leben – leben; warum musste ich leiden, weil ein
anderer Mensch – *er, sein durch sich selbst zerstörtes Leben nicht
mehr ertragen konnte,* weil *er unbeherrscht* und *zwanglos* damit
mit umgegangen *ist?*
*Er war nicht mehr partnerschaftsfähig – zuvor nicht und durch
seine Krankheit schon gar nicht, obschon er das glaubte!*
Es ging nur um ihn und seine Probleme und Bedürfnisse. So stellte ich mir eine Partnerschaft <u>nicht</u> vor.
Wir waren Freunde von *meiner* Seite – mehr nicht. Er hatte
nichts zu bieten, als sein *krankes* Sein, für das er Verständnis und
Zuwendung erwartete und auch *verlangte! Was ich wollte, hat ihn
nicht interessiert!*

Ich musste erkennen, dass bei zu langer und *intensiver* Trauer der
Schmerz sich *verselbständigt* und zur *persönlichen* Bedrohung
wird, an der man zugrunde gehen kann, oder man lebt in *Gedanken* mit einem *Verstorbenen,* der es vielleicht gar nicht will –
bzw. umgekehrt, weil *Teile der Seelen* verbunden bleiben – die
Seelengemeinschaft.

*Die Sehnsucht nach einem lieben Verstorbenen kann letztlich nur
der Tod stillen, ansonsten braucht es große Kraft der Überwin-
dung, denn der andere Teil lässt nichts unversucht, die Gemeinschaft wieder zu erzwingen!*
Diese Art *Seelengemeinschaft* mag für *ältere* Menschen gut sein –
für *jüngere* gehen *wertvolle* Erdenjahre *verloren.*
Bei zu enger *Seelengemeinschaft* der *Partner* zu *Lebzeiten,* holt
der *Verstorbene* den anderen Teil bald nach.

***

**Der mit sich unzufriedene und unbefriedigte Verstorbene gibt
keine Ruhe.**
Ich war längst weiter gegangen, in *meiner* Entwicklung– *er ließ
nicht los!*

Dadurch erzwang er; mich immer wieder mit der Thematik zu
befassen, *darüber nachzudenken* – mich damit auseinanderzu-
setzen, *wo ICH gefehlt haben könnte,* obwohl <u>er</u> alles andere als
<u>fehlerlos</u> und einsichtig war, sondern *wie alle im Kopf kranken
Menschen – uneinsichtig* und *rechthaberisch – nur auf seinen
Standpunkt beharrend;*
*man wäre nicht genug auf seine Art eingegangen – wie er es für
sich gebraucht hätte und er somit seinem,* <u>durch sich</u> <u>selbst</u> *ge-
stalteten unglücklichen Schicksal* entgangen wäre.
Das kostete mich *wertvolle Zeit und Kraft,* die anderweitig besser
– zu *meinen Gunsten* zur Anwendung gekommen wäre.

Die *Erkenntnis,* sich *von sich aus* durch *eigene Kraft* und *nicht*
durch *Behinderung* anderer *hochzuarbeiten,* um auf *seiner* Ebene
mit sich in Frieden zu sein – zu verweilen, die Erkenntnis scheint
beim verst. *Peter* ganz zu fehlen.
Der *Schuldige* für *seine eigene* Dummheit wird von *ihm* weiter
gesucht. *Sein* Vorteil wäre „selbst" zu sein – *nicht Parasit.* Ich
dachte er war *mein* Freund!

Ich war und bin nicht der Sündendbock für andere – wer das
glaubt, dass kann nur ein ganz *eigensüchtiges* Wesen sein, das
sich das Recht anmaßt, andere für die *eigene Unfähigkeit* büßen
zu lassen.
Ein Mensch – der *kein Medium* ist, fragt sich in so einem Fall
sicher; *warum klappt bei mir nichts mehr, warum scheint sich
alles gegen mich verschworen zu haben* und verzweifelt vielleicht
an seinem Schicksal.

Zu *seinen* Lebzeiten war *Peter* höflich, aber *nie wirklich* <u>abzu-
weisen</u>, da er einfach *nicht* in der Lage war, irgendetwas *alleine* –
„richtig" zu machen. Er braucht immer *denjenigen*, der sich für
ihn verwendete.
Durch *seinen Rauschgiftkonsum* – wann immer auch – war er im
Hirn geschädigt!
Er war nicht mehr in der Lage *folgerichtig* zu handeln. *Partner*
war er nie – nur *Hilfsbedürftiger*!
Seinen Willen hat er *immer* durchgesetzt!
Unter der Maske der Souveränität verbarg er seine diesbezügliche
Schwäche.
Seine Sätze waren; *ich dacht nur. . . .* und *Du könntest doch mal.*

***

Heute sehe ich vieles anders, als ich es vor 20 Jahren und mehr
gesehen habe. Es gibt Menschen und Wesen die nie was selber
tun, es aber bestens verstehen, andere für sich handeln zu lassen
und alles was nicht ganz in ihrem Sinn ist, dem – *der sich für sie
bemühte* – anzulasten.
*Man kann helfen, aber das eigene Leben für andere opfern, dass
ist für mich völlig unlogisch!*

Man muss das *Bewusstsein* – das es ihn gab und man ihn liebte,
völlig *in sich* auslöschen – nur so kann man endlich Friede und
Zeit *für sich selber* finden, sonst führt es zu einer *Depression.*

Letztlich sind es stimulierte Ich-Kräfte, die das Phänomen zum Ausdruck bringen. So <u>einer</u> bringt Unglück für Familie und Freunde, weil er im *Zwischenreich* lebt – <u>am Erdenplan.</u>

***

Ich muss das Bewusstsein – seines, für mich gewesen Seins – aus meiner Seele ausmerzen, als hätte es *ihn für mich nie gegeben, um „ihn" die Kraft und Macht durch mich zu nehmen, damit ich endlich ganz frei davon – meinen inneren Frieden finde. –*
Nur da – wo Kontakte entstehen, kommt es zu Aktivitäten.

Es liegt am irdisch Lebenden – inwieweit er sich vom Astralen beherrschen – benutzen lässt, da der astrale Vampir – *seine Art ist eine vampirische – auslaugende* und nur an sich *denkende* **Energie -** <u>immer die Kraft des Irdischen benötigt,</u> *um die Störungen zu verursachen.*

Man sollte den Gedanken fallen lassen – sich neuem zuwenden und weitergehen. Das kann man tun, wenn man nicht immer wieder was hören – sehen oder fühlen würde, als *medialer* Mensch. Man bekommt weder die „verlorene" Zeit – noch die Kraft, die damit verbunden ist – noch die Möglichkeiten zurück, die dabei „verplempert" wurden.

Das Leben an sich ist also eine sich bewusste Energie – die Erfahrungen speichert, indem sie immer wieder neue *Ausdrucksmöglichkeiten* findet – *erschafft, sich wiederholt in neuen Persönlichkeiten – irdisch gestaltet,* die sich irdisch auflösen oder zur Auflösung gebracht werden können – im *Emotionsbereich,* solange *sie sich selbst* erhalten können, so lange der *Emotionskörper* und *Astral-* oder *Licht-Körper* hält oder <u>wann</u> er verlassen wird.

131

Die Erfahrung über diese gewesene Persönlichkeit bleibt in den Wesensteilen erhalten, bzw. wird als <u>sich bewusste Persönlichkeit in sich</u> – *jederzeit* wieder *bewusst* und somit „abrufbar" gemacht, wenn man es will.

Somit kann „Böses" weder besiegt, noch zerstört werden – *gewesene* und *gelebte Persönlichkeiten* <u>nicht</u> ausgeschaltet werden und egal, *ob danach wieder eine neue Inkarnation und Persönlichkeit gebildet wird,* die <u>verstorbene</u> bleibt *immer* und *überall* erhalten und *kann sich und ihre Bedürfnisse* – auch *unbefriedigten* Empfindungen „einfordern", d.h., *sich irdischen Persönlichkeiten „anheften"* – sich anklammern und *störend wirken* – ohne wirklich abgeschüttelt werden zu können, wenn man <u>nicht</u> sagt; *LmA, es überhört – es übersieht – etc., also darüber hinauswächst, indem man selbst erstarkt – reift usw.*

So kann man zwar von einem *Weiterleben des Geistes – der Mental-Seele* nach dem *Tode* sprechen, aber nicht von der *Wiederaufnahme* des <u>verstorbenen</u> *gelebten Lebens,* weil eine *neue Persönlichkeit* gebildet wird, die – <u>die alte nicht</u> <u>war</u>. Somit ist es falsch davon zu sprechen; *wir hätten eine zweite oder weitere Chance, als die gelebte Persönlichkeit.*

Das Ende der irdisch gelebten Persönlichkeit bleibt immer das Ende des irdisch gelebten und abgeschlossenen Lebens und ist nicht zu verbessern.
Die *Vorbereitungen* der *Seele* für die *neue Persönlichkeit – die Zeit der Regeneration im Astralen – bzw. Mentalen Bereich,* haben <u>keine</u> *Auswirkung* mehr auf die <u>gelebte</u> <u>Persönlichkeit,</u> *diese ist mit dem irdischen Tode für immer beendet.*
Jedes irdische Leben ist <u>ein in sich selbst</u> abgeschlossenes.

✻✻✻

Das Leiden was mich betrifft – anders kann man *es* nicht bezeichnen, ist wohl mehr oder weniger das – *derjenigen, die für sich allein leben.*

Da können sich diese *irrenden* – sich selbst nicht „normal" bewussten Energien austoben und „aufführen".
Es ist ein Leiden, *ohne absehbares Ende.*
Ich habe wiederholt festgestellt; *ist man allein und mit sich im Einklang, will man was Neues ausprobieren, oder einen Film in Ruhe genießen – schon kommt der lästige Verstorbene und meint probieren zu müssen;* ob er nun doch vielleicht oder doch nicht – zu Wort käme, seine Meinung breit zu schüren – die niemand mehr interessiert.
Er würde mir am liebsten die Arbeit zerstören – behindern, *das tut er ja mehr oder weniger immer* – damit ich die Lebensfreude verliere.
Man kann also davon ausgehen, dass diese *formlose* und immer wieder *formbare* – mehr oder weniger *intelligente* und *wissende* – *sich bewusste Energie, sich immer wieder neu erfindet* – neu gestaltet und die *einmal gelebte Persönlichkeit nie aufgibt* – oder die *nie zerstört werden kann,* wenn ES – <u>es nicht</u> will.

Aus sich selbst Erschaffenes kann man <u>nicht</u> zerstören – nur was man <u>durch</u> sich selbst geschaffen hat.
Man kann sie – *die Negativen belehren* – man kann sie *verkleinern,* man kann sie sich z. T. vom „Halse halten", aber wirklich *restlos* als *störendes Teil entfernen,* kann man *sie* <u>nicht</u>.
Es ist und bleibt eben „der Teufel" oder der *„Behinderer aller sich ergebenden Möglichkeiten",* bis dieser *negativ Verstorbene von sich selber aus* – die Sache *für sich* als *uninteressant* und *unergiebig aufgibt.*
Man kann wirklich nur *daran wachsen* – es <u>ignorieren,</u> *Ruhe gibt es keine.*
Ich hatte abgeschlossen und neue Möglichkeiten – er nicht, als *gewesene* Persönlichkeit! Für mich ist er nur ein *Verstorbener,* an den ich gelegentlich mal denke, wenn er nur endlich ginge.
<u>In dem Fall ist „medial sein" ein Fluch!</u>

Ich habe meinen Lebensplan zu erfüllen, der mir vorgezeichnet ist
– durch mich und den ich *jetzt* weiter beschreiten werde, <u>ohne</u>
mich umzusehen – <u>was war – das war.</u>
Doch diese – so lang *anhaltende innere Beziehung wird immer*
als belastend und unbefriedigend für mich – in jeder Art in Erin-
nerung bleiben.
Ich habe sie *in mir allein* und *nachhaltig* geklärt, sodass ich <u>frei in</u>
<u>mir</u> – in *meine* Zukunft blicken kann, *ohne mich seelisch verant-*
wortlich und unter Druck zu fühlen, wenn ich das ganze *Dilemma*
jetzt hinter mir lasse.

Sein *Lichtkörper* muss *an sich arbeiten,* damit er *sich* <u>mit sich</u> *im*
Einklang fühlen kann, <u>da muss ich nicht kommen,</u> *um es <u>für ihn</u>*
zu erledigen.
In *diesem Bereich* kann nur *jeder an sich selbst arbeiten* – natür-
lich ist es leichter zu wissen; <u>jemand steht mit auf der gleichen</u>
<u>Stufe, den man mag und der sich „benutzen" lässt.</u>
Ich bin *das nicht länger!* Somit müsste das Thema für *diese*
Astral-Seele erledigt sein.

Er hat zwar hier *mit mir* und *über mich* gelebt – sein Leben im
Wesentlichen erfüllt – wie die *Aura-Leserin* berichtete, aber nun
muss er gehen, er hat lange genug *aus meinen Kraft-Reserven*
Nutzen gezogen und mich <u>nieder</u> gehalten. Das ist jetzt für <u>immer</u>
vorbei!
Er hat mich voll und ganz wissentlich benutzt und ausgenutzt –
betr. *meines Schuldgefühles* und *meiner Trauer um ihn.* In dem
Sinne – es ist vorbei!
Ich habe es *in mir* überwunden – die Angst vor *seinen* üblen Ma-
chenschaften. Bei *ihm* ist das noch <u>nicht</u> „angekommen".
Ich habe festgestellt, *er* kostet mich zeitweise 3% *irdische* und
was weit schlimmer ist und war – was mich überforderte; *er nahm*
mir 25 - 30% seelische Kraft!

Ich bin mir <u>bewusst</u>; *ich schließe ab!*
Ich nehme mein Bewusstsein von dieser astralen Selbstmörder-
Ebene, denn nur so ist es möglich, dass eigene Leben weiter zu
forcieren.
Es wird schwer so was „abzuschütteln", denn ein Selbstmörder
oder Unfalltoter – durch eigenes Verschulden, lässt nie locker bis
er zur besseren Einsicht gekommen ist.
Das kann dauern – im Astralen gibt es keine Zeit, die das Leid –
des durch ihn irdisch Belasteten begrenzen würde. Dieser ist der
Verwüstung – Behinderung durch einen so zu Tode gekommenen
grenzenlos ausgeliefert, wenn er sich innerlich nicht von diesem
gänzlich abwendet. In dem Fall ist Liebe ein Fluch!
Meine Seele hat sie überwunden – die Liebe zu diesem Verstorbe-
nen! Er war sie nicht wert!

Ich hebe diese Seelengemeinschaft per <u>31.12.2010</u> *für alle Zeiten*
in allen Zeiten und zeitlosen Räumen auf.
Es gibt keine Verbindung mehr auf astralen und geistigen Gebiet
mit ihm.
Unsere seelische und auch geistige Beziehung ist beendet.
Ich nähre nicht länger angehaftete Seelenwerte, die nur ihre Be-
dürfnisse kennen und mein wertvolles Leben – meine Kraft für
ihre eigne Aufdringlichkeit und niederen Bedürfnisse nutzen – in
dem alles hintertrieben wird, was mein Leben und Vorstellungen
und Ziele betrifft, einen schizophren gestorbenen Menschen – den
ich bedauert, betrauert und zuerst als Mensch geliebt hatte.
<u>Es bleiben der Verlust an Zeit und Lebensqualität</u> – und meine
Erkenntnis; <u>da wo das Leben vom Kopf – Geist/Seele gestört ist,</u>
ist kein *soziales Verstehen* – Engagement zu erwarten. Es stehen
nur die eigenen Bedürfnisse im Vordergrund.
ES IST VORBEI IN MIR! – **das Leben geht weiter.......**

∗∗∗

ENDE

BUCH VIER

Verwendetes Buchmaterial, womit ich meine eigenen <u>media</u> <u>len</u> Eingaben, sowie das durch Medien aus mir zur Kenntnis gebrachte – <u>irdisch</u> <u>real</u> untermauere und erweitere

Maria Stuart   Antonia Fraser
Traum, Tod und Transzendenz   Ellen Grasse
De Occulta Philosophia   Agrippa von Nettesheim

Diverse Aufzeichnungen aus TV Biografien und Recherchen im Internet –
Uran-Studie 5; Die metaphysische Sicht von Tod und Leben –
nach dem Tod

Vorangegangene Bücher:

REMEMBER
Teil 1 **Die Tochter der Schneiderin –**
Teil 2 **Déjà-vu – Hellsehen**
Mein Lebensweg – mein Werden und Streben

REMEMBER II – OFFENBARUNGEN –
Zwischen Traum und Wirklichkeit – das Hier und Jetzt als einzig wahrer Sinn meines derzeitigen Lebens

REMEMBER III – DAS AKASHA –
Erkenntnisse der Vergangenheit, aus der Sicht der Geistigen Dimensionen – die Zukunft betreffend

Exposé: REMEMBER

erzählt die Geschichte einer Frau – die Geschichte meines Lebens
– eines Freigeistes, der sich keinen Konfessionen unterwirft.
Als Kind in Böhmen geboren, fließt in mir das Blut eines frei-
heitsliebenden Volkes, was ich *nie* in mir unterdrücken konnte
noch wollte!
Mein Wille ist *mein oberstes Gesetz* – diese Freiheit nehme ich
mir!
Mein Aussehen als kleines Mädchen war so anders und passte
nicht in den Rahmen meiner Familie mütterlicherseits. Ich gehe
rein äußerlich ganz in die mehr strategische Linie des Vaters!
Ich war von Anfang an groß, zart und weißhäutig, hatte stark
glänzende blau/graue Augen, dazu kupferblondes Haar. Wurde
ich wütend schwoll mir die Zornesader blau auf der Stirn.
Ab meinem *8. Lebens-Monat hatte ich Asthma* und war von daher
laufend krank. Das stört mich aber nicht, all das zu tun, was ich
wollte. Sehr wissbegierig fragte ich mit 4 Jahren meine Mutter;
Mutti - wo war ich, als ich noch nicht Rosi war?
Das ist die Zeit, wo ich die ersten *Grenzerfahrungen* mache.
Als Kind sehr frei aufgewachsen – in den *böhmischen Bergen*, in
Wiesen und Wäldern voll zu Hause – komme ich nach dem Krieg
als *Heimatvertriebene* mit meiner Familie nach *Thüringen*.
Es gibt nur eines, was ich immer wieder habe, die großen Bäume
scheinen mir treu zu bleiben, damit ich die enge Begrenzung
meines Umfeldes ertragen kann.
Auch scheint es immer wieder eine *gute* Fee zu geben, die mich
Menschen kennen lernen lässt, durch die ich eine Förderung meines Seins erfahre – die haben was ich so brauche, einen Garten –
da wieder *Bäume* und viel frisches Obst.

In der Schule werde ich nach einem *schweren* Anfang anerkannt und geachtet, weil ich so *diszipliniert* und verlässlich bin – ich petze nie! *Das Asthma verliert sich mit 11 Jahren.*
Ich besitze von Anfang an *diplomatisches* Geschick – *die Gene meiner Mutter*, erlerne einen *pharmazeutischen* Beruf und heirate 1 Jahr nach Abschluss – das erste Kind ist unterwegs.
Die Ehe fern der *eigenen* Familie macht mich *seelisch einsam.* Ich bin sehr fleißig in Handarbeiten und belesen.
Da beginnen die ersten *karmischen* Erlebnisse nach meiner Kindheit. Die für mich schwere Hausarbeit, nur allein mit meinem Mann – meiner *geselligen* und *kontaktfreudigen* Familie entrissen – machen mich krank.
Ein zweites Kind kommt später dazu, trotzdem ziehe ich nach 10 Jahren die Scheidung vor.
Ich – *allein erziehende Mutter* – arbeite als Sachbearbeiterin in einem Großbetrieb erst halbtags, später ganztägig.
Durch Zufall lerne ich Jahre später einen *Österreicher* kennen, der mich heiraten möchte.
Ich nehme an, um der Enge meiner Tage zu entfliehen – was auch mit meiner jüngeren Tochter gelingt.
Die ältere studiert bereits, will nicht abbrechen – bleibt zurück.
Die Ehe in Österreich geht nicht gut und so wende ich mich nach *München – dem Tor zum Süden!*
München entpuppte sich als *altes schweres Karma* und hält mich sehr *negativ* fest, aber ich erfahre was ich schon immer an Wissen erfahren wollte.
Ich lerne viele Menschen kennen, die mir dabei behilflich sind, eine Aufgabe zu erfüllen, *die ich nie gesucht habe* – noch machen wollte. Der Sinn meines Lebens war; *mit allen Sinnen freudig genießen.*
Das Ziel meines Lebens ist Frankreich – *Nizza!*
1979 stirbt mein Onkel – der Bruder meiner Mutter. Nach seinem Tode vermacht er mir die Fähigkeit der *Déjà vu Erfahrung.* Das Erbe meiner *mütterlichen* Linie.

Da kommt 1981 der Tag – in einer Kapital-Anlagefirma, wo mir
in der Mittagspause folgende Worte durch den Kopf gehen.

„Die Erde ist nicht Realität alleine – alles ist real; die Kraft –
das Wissen, die irdische Welt – die göttliche Welt – die geistige
Welt, das Böse – das Gute, sowie negativ und positiv, alles ist
real – wirklich, alles ist vorhanden und bestätigt sich aufs
Neue.
Es ist der Glaube um das Wissen – der vorwärts treibt, verstandesmäßig unbegründbar, weil Wissen nicht Verstand ist –
sondern Fühlen um das Leben.
Der Verstand reicht nicht aus – das Wissen zu beschreiben, er
scheitert an der Vollendung.
Er kann es nicht fassen, da Vollendung nicht greifbar ist –
sondern einfach Tatsache.“

Die *Geistigen Bereiche* haben sich mit mir in Verbindung gesetzt
– seither läuft alles anders!

Da das Geld knapp ist, nehme ich Nebenjobs an – komme zur
Komparsentätigkeit und lerne hier wieder viele bekannte Menschen kennen.
Ich erfahre Adressen, die mir weiterhelfen – zu Klienten – die für
mich nützlich sind, auf den Weg der Erfahrung.

Medien und *Hellseher* die ich aufsuche – erklärten mir, was ich
nicht verstehen konnte; *das so eine alte erfahrene Seele wie ich,
nicht einfach für sich dahin leben kann, um freudig zu genießen!*
Ich will das eigentlich nicht – mir geht es immer nur um Wissen.
Ich kann erklären und lehren – aber ich bin kein Heiler – wie man
mich glaubend machen will! Ich kann und will das nicht.
*Meine eigene Freiheit – meine eigene Entscheidung – bleibt mein
unantastbares Gut!*

Bei der Arbeit habe ich immer wieder *Déjà vu Erlebnisse* und vor allem später, bei meiner Arbeit als *Astrologin* – die sich aus meinem *bewusst medialen* Schreiben entwickelte. Bei der Ausarbeitung der *Klienten-Horoskope* – überfiel mich oft ein Zittern – eine Erregung und dann fielen mir Dinge ein, die ich niederschrieb, ich war auf *altes Karma* des Betroffenen gestoßen war.
Ich arbeite nur in *schriftlicher* Form und erkläre hinterher alles, wobei noch vieles zutage gefördert werden kann, wenn der Klient „offen" ist!
Ich lerne viele Menschen mit *schweren* Schicksalen kennen und ich weiß: *eigentlich kommen nur schwere Fälle zu mir.*
Nach dem Tode meines sehr *karmischen* Freundes muss ich erfahren, wie *negativ* Selbstmörder das menschliche Dasein tief greifend belasten können.

1991 komme ich über eine Klientin zur *Parfümherstellung*. Die *Kombination der Duftmischung* erhalte ich über meinen *geistigen* Berater, der mich auch bei der Horoskop-Ausarbeitung seit 1987 unterstützt. *Meine Gedanken bekommen plötzlich eine andere Richtung.*
Von einem *bekannten Münchner Medium* erfahre ich; *meine Parfümkreationen sind Heilparfüme – die Vorstufe des Lebens-Elixiers.* Diese Herstellung habe ich schon in *früheren* Inkarnationen auf *Madagaskar* praktiziert. Mein geistiger Berater gibt mir die *alten Rezepturen* zum Teil von „Drüben" rüber!

1997 beginne ich *meine Aufzeichnungen* – die ich immer gemacht habe, zu ordnen und schreibe über Jahre ein Buch, über *mein Leben* und den Erfahrungen mit anderen. Ich habe es seither laufend ergänzt. Ich tue es, um mich einerseits dadurch *seelisch* zu entlasten und auch, um es anderen zu vermitteln, um so meine Erfahrungen einem *größeren Spektrum* mitteilen zu können.
In der Ruhe liegt die Kraft und die möchte ich weiterhin nutzen, um meine *geistigen* und *wissenschaftlichen* Erfahren zu vertiefen!

Wieder durch *Freunde* und *Klienten* erhalte ich die Adresse einer
Aura-Leserin, die auch in der Vergangenheit schon als Mensch
von Bedeutung für mich war. Sie bestätigt die Aussage des
Münchner Mediums. – Weiterhin erklärt sie; ich habe mir die Fä-
higkeit der Parfüm-Mischung von einem *anderen Sternen-System*
mitgebracht und *das Elixier wurde in Ägypten entweiht!*
Hier erfahre ich; *warum all meine wichtigen Leben mit frühem
Tode und durch die Hinrichtung belastet sind* und warum die
Sackgasse *nicht* enden will, in der ich mich befinde – auf der
letzen Stufe meiner *karmisch irdischen* Reise.

**Vier höchste Eingeweihte, haben vor ca. 7 400 Jahren – wohl
in einer Art Weinlaune – „Gott gespielt" und einen Pakt geschlossen, um durch „ ihn" zum schnelleren geistigen Aufstieg
zu gelangen.**
**Sie haben beschlossen, immer zur gleichen Zeit zu inkarnie-
ren, damit sie sich begegnen und so zueinander verhalten
können – sich gegenseitig zu behindern – aber niemals töten,
um dadurch die geistige Reife voranzutreiben.**
**Durch diesen Pakt konnte man sich nicht direkt aufeinander
einlassen und es war auch verboten, sich außerhalb dieses
Paktes zu verlieben. Man war daran gebunden sich wehzutun
und die Lösung daraus ist die bedingungslose Liebe, die wir
als Menschen nicht so in der Lage sind – zu bewältigen.**
**Es geht nicht darum, von den anderen geliebt zu werden, es
geht um die Astral-, also Empfindungs-Ebene.**
**Da keiner von den 4 Eingeweihten in den nächsten Leben von
diesem einst geschlossenen Pakt Kenntnis hatte, ist er zwar
immer in Kraft getreten, aber keiner hat es mehr mit irdischem Verstand gewusst.**
Zwischen mir(damals war ich männlich) **und den anderen drei
Herren dieses Paktes war ein ständiges Wetteifern, um männ-
liche Stärke zu beweisen.**

**Es ging aber auch darum – man wollte die weiblichen Quali-
täten besitzen.
Dieser Pakt war auf das Herz-Chakra programmiert worden
und damit hängt alles zusammen.**

Rosemarie Schubert